# 어린이 말하기 교과서

바로 읽고 활용하는 100% 실전 연습장
## 어린이 말하기 교과서

씽 교과서 시리즈 01

초판 1쇄 발행 | 2015년 10월 25일
초판 4쇄 발행 | 2020년 7월 15일

지은이 양송이
발행인 김태영

발행처 도서출판 씽크스마트
주소 서울특별시 마포구 토정로 222(신수동) 한국출판콘텐츠센터 401호
전화 02-323-5609 · 070-8836-8837  팩스 02-337-5608

ISBN 978-89-6529-049-0 73700

- 잘못된 책은 구입한 서점에서 바꿔 드립니다.
- 이 책의 내용, 디자인, 이미지, 사진, 편집구성 등을 전체 또는 일부분이라도 사용할 때는 저자와 발행처 양쪽의 서면으로 된 동의서가 필요합니다.
- 원고 kty0651@hanmail.net
- 페이스북 www.facebook.com/thinksmart2009
- 블로그 blog.naver.com/ts0651

- 이 도서의 국립중앙도서관 출판예정도서목록(CIP)은 서지정보유통지원시스템 홈페이지 (http://seoji.nl.go.kr)와 국가자료공동목록시스템(http://www.nl.go.kr/kolisnet)에서 이용하실 수 있습니다.(CIP제어번호: CIP2015024333)

- 씽크스마트 • 더 큰 세상으로 통하는 길
- 도서출판 사이다 • 사람과 사람을 이어주는 다리

어린이

# 말하기 교과서

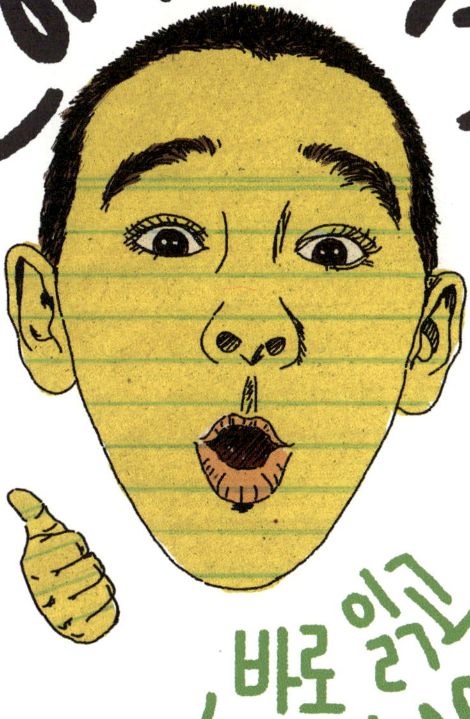

양송이 지음

바로 읽고 활용하는 100% 실전 연습장

씽크스마트

| 추천사 |

　우리는 말하기를 인격과 지적능력 또는 소통능력을 가늠하는 기준으로 여기는 시대에 살고 있다. 특히나 나를 표현하는 가장 효과적인 수단인 말하기 능력은 학습능력과 자신감을 형성하는 데 중요한 요소이다. 이런 의미에서 이 책은 언어능력 향상이라는 방향성을 가지고 어린이 스스로 훈련할 수 있도록 실습에 주안점을 두어 친절하게 설명해준다. 저자가 현장에서 다년간 쌓아온 경험을 토대로 이론과 실천을 연계하여 체계적으로 연습할 수 있도록 하였고, 어린이 독자들을 배려하여 내용을 이해하기 쉽게 잘 구성하였다.

　또한 누구나 쉽게 따라할 수 있는 예문은 자신감을 향상시키는 데도 큰 역할을 할 것이다. 말하기는 몸으로 익히는 체득의 훈련을 통해 당당하게 표현할 수 있다는 저자의 말대로 다른 책들과 차별화된, 스피치 훈련 지침서 역할을 하리라 기대한다. 이 책을 접한 모든 독자가 마음속에 자리한 능력을 마음껏 발휘하는 계기를 맞이하길 바란다. 끝으로 바쁜

시간을 쪼개어 집필한 저자의 노고를 익히 알기에 진심을 담아 박수를 보낸다.

★ 청소년 독서지도사 **손은경**

이 시대의 교육은 학생들이 자신의 의견을 솔직하게 표현하고, 타인과 원활하게 소통하는 데 초점을 두고 있습니다. 사회 곳곳에서 전인격적 인성교육이 화두로 떠오르는 이유입니다. 이러한 교육 환경과 맞물려 뉴미디어 시대를 살아갈 우리 어린이들에게 커뮤니케이션의 중요성을 강조한 저자의 노력이 돋보입니다.

★ 숙명여자대학교 미디어학부 교수 **양승찬**

'좋은 스피치 유전자를 물려주어라!' 제가 책에서 다뤘던 주제 중 하나입니다. 어린이의 스피치 능력은 부모와 주변 환경에 따라 시간이 지날수록 아주 큰 차이를 만들어 냅니다.

아이에게 바르고 좋은 스피치 습관을 만들어 주길 원하지만, 그 구체적인 방법을 잘 모르시겠다면《어린이 말하기 교과서》를 추천해 드립니다. 저자의 풍부한 강의 경험과 연구로 만들어진 훌륭한 구성과 실제로 적용할 수 있는 방법들이 딱 맘에 듭니다.

부모의 마음은 다 똑같다는 생각을 합니다. 저 역시 두 아이가 있는 아빠로서 딸과 아들에게 꼭 읽히고 싶은 책입니다.

★ 《말의 기술》 저자, 스피치코칭전문가, 스타쇼호스트방송아카데미 원장 **김상규**

우리는 대부분 성인이 되어서야 스피치를 배울 필요를 느낍니다. 성인들의 목소리 교육을 하다보면 어릴 때 습관이 남아 있는 사람들을 많이 만납니다. 어릴 때부터 사용해온 문장 표현, 끊어 읽기, 박자 습관 등이 성인이 되어도 남아있기 때문에 교정하는 시간이 오래 걸리기도 합니다. 이 책은 일찍부터 스피치 훈련을 하여 올바른 말하기 습관을 형성하는 데 큰 도움이 되리라 생각합니다.

★ 목소리연구소 보이스랩 대표 **박민우**

저는 다양한 직업군의 사람들, 가수를 직업으로 하려는 이들을 대상으로 수년간 발성을 가르쳐 오면서 조금 더 어린 나이에 발성을 배운다면 얼마나 좋을까 생각해 본 적이 있습니다. 발성을 배우고자 하는 이들은 "난 왜 남들처럼 목소리가 좋지 않을까?" 또는 "내 목소리는 왜 잘 쉬거나, 허스키할까?" 라는 불만이 있는 경우가 대부분입니다.

말을 시작하는 유아기를 지나 목소리를 만들어가는 청소년기 혹은 변성기 시절, 자신의 습관이 이후 자신의 목소리를 좌우합니다. 올바른 말하기는 성장 과정 속에서 학생 스스로 신체기관을 제대로 만들어 주는 것에서 시작됩니다. 또한 올바른 발성은 바른 자세에서 나올 수 있는 바른 호흡 그리고 그것을 이용하여 낼 수 있는 배음의 역할까지 메커니즘을 만들어내기도 합니다. 그리고 말을 시작하면서부터 논리적인 사고가 발달되고 가치관이 형성됩니다.

  이를 종합해볼 때 성장기에 있는 학생들에게 이 책은 너무나도 소중하고 꼭 필요한 교재임이 분명합니다. 많은 이들이 말하기에 자신감을 얻고 삶의 질을 향상시킬 수 있기를 소망합니다.

★ 매직 핸즈 엔터테인먼트 음악감독 **김태형**


  그저 재미있다. 설렌다. 학생들의 눈높이에서 보니, 더욱 그러하다. 목차의 제목들이 천진난만하고 즐겁게 느껴진다. 한 페이지, 두 페이지 마지막 장을 덮을 때까지 꼼꼼하게 들여다보았다. 알차면서도 체계적인 내용으로 구성되어 학생들의 리더십과 말하기 실력을 쑥쑥 키워줄 것이다. 스피치리더십 교육 현장에서 반드시 필요한 종합 실용교재로 손색이 없다.

★ 프레젠테이션 교육강사 **고은하**


"스피치는 우리 삶의 중요한 부분이다."

  내가 가진 생각과 마음을 타인에게 얼마나 잘 전달하느냐가 성공의 관건이 된 지금, 스피치의 중요성이 새삼 중요하게 부각되고 있다. 하지만 스피치를 어렵게만 생각하다보니 스피치 자체를 좋아하는 사람은 드물다. 그러나 어려서부터 적절하고 다양한 방법을 통해 꾸준히 연습한다면 스피치 실력이 늘 수 있다. 시중에 키즈 스피치를 이론적으로 다룬 교재는 많지만, 어린이를 위한 맞춤식 실전 텍스트로 스피치 실력을 늘릴 교재는 부족한 게 현실이다. 이 책은 현장에서 키즈 스피치 수업을 진행하는 강사의 노하우를 적극 살려 각 장마다 스피치에 쉽게 접근하며 어린이의 생각을 잘 정리, 표현할 수 있는 방법을 제시해 놓았다. 우리 아이의 스피치 실력을 늘리고 싶은 학부모나 키즈 스피치 강사들에게 적극 추천한다.

★ 前 KBS·SBS 리포터, 現 스피치&보이스 강사 **전재경**

방송을 처음 접했을 때 순발력 있게 말하지 못해 어려움을 겪었던 기억이 납니다. 저도 어린 시절에 이 책을 만났더라면 얼마나 좋았을까요? 누구나 적용 가능하고 알기 쉽게 풀이된 스피치 노하우를 한 권의 책에 담았다는 것이 놀라울 뿐입니다. 저처럼 방송인이 되고 싶은 친구들에게 꼭 필요한 필독서가 될 것 같네요!

★ 프리랜서 리포터 **유지나**

학생들의 진로를 담당하면서 성적뿐 아니라 스피치가 학생들에게 얼마나 중요한지 매번 느낍니다. 대학 입시, 취업의 필수 관문이 된 면접에서 스피치가 강한 학생의 합격률이 높은 것은 어찌 보면 당연한 일입니다. 요즘 인사담당자가 원하는 것은 남다른 특별한 능력 혹은 스펙이 아니라 인성이라고 합니다. 역량 및 기술적인 스펙은 사회에서 배워나갈 수 있지만 자라오면서 쌓아온 인성은 그렇지 않기 때문이죠. 따라서 인성이 드러나는 면접의 비중이 나날이 높아질 수밖에 없습니다. 면접에서 합격을 부르는 스피치를 원한다면 양송이 강사의 스피치 강의와 노하우가 집약된 이 책을 추천합니다.

★ 특성화고등학교 방과후 교육부장 **김영미**


스피치는 늘 어렵다고 생각했는데 저자의 책을 읽고서 '아~~~! 말은 이렇게 하는 것이구나'라는 명쾌한 해답을 얻었다. 아니 자신감을 갖게 되었다.

스피치 훈련을 체득하여 몸이 저절로 반응하도록 만들어야 실전에서 고스란히 보여줄 수 있다는 저자의 말에 먼저 제일 좋아하는 것으로 자기소개를 시작해 보았다. 이렇게 쉬운데 괜히 그동안 힘들다는 강박관념을 느껴왔구나 할 만큼 따라 하기 쉽게 서술해놓았다. 시작, 중간, 끝을 나누어 나를 소개해보니 스피치란 풀기 힘든 문제라는 생각이 단숨에 사라졌다. 저자가 알려준 친절한 방법을 반복하여 습득한다면 어느 순간 실전에서 저절로 '반응'하듯 나를, 내 생각을 표현할 수 있을 것이라 믿는다.

★ 고등학교 교사 **정하성**

어린이를 위한 가장 구체적이고 실용적인 스피치 학습도서이다. 사실 어린이뿐만 아니라 성인이 봐도 도움을 얻을 수 있을 정도로 내용이 알차고 참신하다. 부모와 아이가 함께 한 장, 한 장 책 내용을 따라가다보면 어느새 부모와 아이 모두 말솜씨가 좋아진 자신을 발견하리라 기대한다.

★ 고등학교 교사 **신정아**

초등학교 3학년 딸을 둔 엄마로서 저를 닮아 부끄러움을 많이 타는 딸을 어떻게 하면 자신감 있게 자기의사를 정확하게 표현하는 아이로 키울 것인가에 대한 고민이 늘 있었습니다. 그런데 막상 가르치려고 하면 어느 것부터 어떻게 접근해야 할지 막연했는데, 때마침 양 선생님의 책《어린이 말하기 교과서》를 보게 되었습니다.

아이들에게 꼭 필요하고 흥미도 느낄 만한 내용들이 이해하기 쉽게 설명되어 있고 예제도 구체적으로 나와서 아이와 함께 재미있게 연습하며 배우기에 참으로 좋은 책입니다.

★ 금상초등학교 3학년 학부모 **김진선**

양송이 선생님은 '취업면접 스피치' 수업을 통해서 처음 만났습니다. 자기소개서에 무지하고 면접스킬이 전혀 없던 저는 수업에서 선생님만의 노하우를 듣고 다양한 연습을 계속하면서 발전할 수 있었습니다. 그 결과 인턴으로 일할 기회를 얻었습니다. 더불어 쇼호스트의 꿈을 갖게 된 저는 자신 있게 꿈을 향해 나아가고 있답니다.

토론과 발표의 비중이 급격히 늘고 있는 초·중·고 교육시스템에 발맞추어 스피치 수업이 시행되고 있습니다. 그러나 성인 대상 스피치 책에 비해 어린이와 청소년들이 실질적인 도움 받을 수 있는 도서는 아직 부족해 보입니다. 이 책은 스피치가 생소한 학생들이 스피치에 대한 이해를 높이고 흥미를 느낄 수 있도록 최적화되었습니다. 다양한 공부와 경험 그리고 수많은 합격생을 배출해낸 선생님의 비결이 어린 학생들 눈높이에 맞게 쉽게 표현되어 스피치를 어렵게 생각하는 친구들에게 많은 도움이 될 것입니다. 스피치의 중요성을 깨닫는 과정 속에서 스피치 능력을 높인다는 목적을 넘어 자신감 회복으로 학교 수업에서 재미를 되찾고 공부에서 의미를 찾을 수 있는 교재이기에 이렇게 강력히 추천합니다! 이 책을 통해 더 나은 미래를 꿈꾸길 기대해봅니다.

★ 대학생 **최준영**

지난 3개월 동안 양송이 선생님 수업을 들으며 말하기 실력이 느는 것을 스스로 느꼈습니다. 남들 앞에서 말할 때면 항상 긴장해서 실수를 많이 하곤 했는데 선생님 덕분에 지금은 말하기에 자신감이 생겼습니다. 스피치 대회를 준비하는 학생들, 또는 말하기 실력을 기르고 싶은 학생들에게 《어린이 말하기 교과서》는 아주 큰 도움이 될 것입니다. 선생님은 중요한 포인트만 콕 집어서 이해가 쉽게 설명해 주시거든요. 그동안 쌓아온 선생님의 노하우가 전부 담겨 있는 이 책을 통해 학생들 모두 좋은 성과를 거두기를 바랍니다.

★ 스피치 강의 수강생 **정수진**

어떤 직종이든 가장 기본이 되며 필수적으로 요구되는 것이 바로 의사소통 능력이다. 소통을 잘하기 위해서는 당연한 얘기지만 말을 잘 해야 한다. 말을 잘하는 능력은 일반적으로 타고나야 한다는 편견을 깨고, 스피치 트레이닝을 통해 얼마든지 말을 잘하는 사람으로 성장할 수 있다는 것이 이 책의 핵심이다. 스피치에 자신 있는 사람이 되고 싶은 어린 친구들에게 필독서로 감히 추천해본다.

★ 스피치 강의 수강생 **박정희**

| 프롤로그 |

# '몸으로 익히는' 말하기

"시간의 문제야."

몇 해 전, 어느 서바이벌 오디션 프로그램에서 한 멘토가 첫 번째로 탈락한 도전자에게 한 말입니다. 성공과 패배의 이분법적인 경쟁구도를 적나라하게 보여주는 서바이벌 프로그램에서 그 탈락자에게 건넨 말은 이성적이고도 차분했습니다. 감성적인 위로 대신 오늘의 실패는 단지 훈련 시간이 부족했을 뿐이라는 뜻을 담은 멘토의 진심 어린 격려였습니다.

제가 방송과 강의를 해오며 줄곧 들었던 질문은 스피치 능력은 타고나야 하는지 아니면 후천적인 노력으로 만들어지는지에 대한 것이었습니다. 다년간 수백 명의 초등학생부터 대학생, 성인까지 다양한 연령층의 수강생을 만나면서 느낀 바는 태생적으로 언어능력이 탁월한 경우도 있다는 것입니다. 타고난 체형과 체력이 있듯 언어적인 능력도 마찬가지입니다.

 그러나 말하기 능력을 타고난 친구들조차 발표할 기회가 많지 않은 환경에서 자라면서 어느새 발표시간을 어색하고 두렵기만 한 것으로 느낍니다. 친구들 앞에서 발표하거나 자기소개할 차례가 오면 가슴을 졸이며 내 앞에서 차례가 멈추기를 바라면서 말입니다. 또래 친구들과는 시끌벅적하게 잘 이야기하다가도 막상 혼자 나와 친구들 앞에 서면 입은 고사하고 몸까지 얼어붙습니다.

 왜 그럴까요? 스피치는 의자에 '앉아서 하는 공부'가 아닌 '몸으로 익히는' 체득의 과정을 거쳐야 하기 때문입니다. 발표 시 멋진 목소리, 자신감 있는 표정과 제스처, 매끄러운 말의 흐름 등은 머릿속에서 계획한다

고 그대로 발휘되진 않습니다. 발표시간에 '체득을 통한 스피치 훈련'으로 몸이 반응하도록 만들어야 실전에서 고스란히 보여줄 수 있습니다. 그렇기에 제대로 된 '훈련의 시간'이 필요합니다. 스피치는 어떻게 얼마나 훈련하는가에 따라 그 결과가 확연히 달라집니다. 글을 읽고 이해하는 데 그치는 것이 아니라 직접 경험해 보는 발표 연습이 필요한 이유가 여기에 있습니다. 발표 연습을 꾸준히 해야 스피치가 익숙해지면서 긴장감은 사라지고 자신감이 자연스레 뒤따라옵니다.

이 때문에 대학생 또는 성인을 대상으로 한 수업과 달리 초등학교에서 처음 스피치 수업을 시작할 때 학생들에게 어떻게 접근해야 할지 고민이 많았습니다. 몇 개월에 걸친 교육 과정 동안 아이들의 흥미를 유지하면서 스피치의 여러 부류를 경험할 수 있는 실용서를 찾기 어려웠기 때문입니다. 특히나 미디어 환경이 바뀌면서 다양한 미디어에 노출된 요즘 학생들에게 '미디어 리터러시' 차원의 소통 능력까지 요구되면서 이러한 니즈를 반영한 교재가 필요했습니다. 그것은 미디어에 단순히 노출되어 메시지를 비판 없이 그대로 수용하는 것이 아닌 다양한 형태의 메시지를 나름의 방식으로 이용해 분석하고, 평가하고, 나아가 재생산하는 능력이기에 이전과는 다른 스피치 훈련이 필요하다는 소신을 갖게 되었습니다. 저는 교실에서 수백 명의 학생들과 몸으로 부딪히며 교재로 쓸 실용서를

　직접 만들기 시작했고, 다양한 시도 끝에 재미와 교육 효과 모두를 충족시킬 콘텐츠들을 차곡차곡 쌓을 수 있었습니다.

　그래서 이 책은 그동안의 시행착오를 거쳐 현장에서 검증된 내용으로 구성했고 이론보다는 직접 훈련할 수 있는 실용서로 다가가고자 적용 및 실습에 주안점을 두었습니다. 주제별로 다양한 예문과 실습란을 두어 학습한 스피치 노하우를 바로 적용할 수 있도록 했습니다. 한 장 한 장 책장을 넘기다 보면 자신도 모르게 중얼거리며 스피치하는 모습을 발견할 것입니다.

무슨 말을 해야 할지 어려워하는 친구들에게는 자기소개, 회장선거연설, 즉흥 스피치 등 상황별 콘텐츠 구성 방법이 도움될 것입니다. 뉴스, MC 대본은 어휘력 학습과 함께 올바른 발성과 발음을 다듬는 데 효과적인 도구가, 제스처와 리듬감을 넣은 유명 대통령의 연설문은 말의 전달력을 높이는 데 훌륭한 원고가 될 것입니다. 그리고 고대 그리스 시대부터 전해온 암기법, 논리와 어휘력을 향상하는 토론 등은 스피치의 품격을 높여줄 것입니다.

이 책은 혼자서 학습할 수 있도록 쉽게 풀이되어 있습니다. 또 친구들과 함께하면 더 재밌게 스피치 훈련을 할 수 있습니다. 프로그램 공동 MC나 현장 리포팅은 모둠별 활동으로 팀워크가 필요하기 때문에 국어 말하기 수업과 같은 스피치강좌의 학습교재로 활용하면 좋습니다. 더불어 스피치의 기본 골격은 같으므로 어린이만이 아닌 청소년 또는 성인까지 누구나 활용할 수 있습니다. 그리고 학습 효과를 높이기 위해서 스피치하는 모습을 카메라로 촬영해주세요. 자신의 모습을 확인함으로써 부족한 부분을 교정해 나갈 수 있습니다.

대학에 진학할 때나 회사에 들어갈 때 면접이라는 관문을 거쳐야 합니다. 이때 자신의 의견을 바르고 정확하게 표현하는 말하기 능력은 자신을 돋보이게 하는 동시에 인성을 드러내는 도구가 됩니다. 건강한 시민이 되기 위해서 말하기의 품격을 갖춰야 할 이유입니다. 아직 먼 미래의 일이라고 생각할 수도 있지만 스피치는 노력이 동반된 시간 즉, 훈련의 과정을 거쳐야 하기에 지금부터 습관을 들여야 합니다. 몸이 기억할 수 있도록 충분히 연습해 놓으면 어떠한 상황에서도 자신 있게 말할 수 있습니다. 스피치는 시간의 문제입니다.

마음속에 있는 보물을 맘껏 표현하길 바라며
양송이

| 차례 |

## 제1장 스피치는 솔직한 내 이야기!

1. Only One 자기소개 … 25
2. 논리 있게 말하는 '부메랑 스피치' … 35
3. '말송이' 만들기 … 43
4. 회장선거 연설하기 … 50
5. 즉흥스피치 비법 'PPF 스피치' … 59

## 제2장 나도 아나운서처럼 말할래요

1. 아나운서처럼 풍성한 목소리를 갖고 싶어요 … 69
2. 또박또박 말해요 … 82
3. 나도 멋진 앵커가 될래요 … 94
4. 나는야 국민MC! … 101
5. 오늘 날씨입니다 … 104

## 제3장 맛있게 말하기

1. 스피치에 리듬감을 넣어주세요     111
2. 몸으로 말해보아요     118
3. 스피치가 살아나는 감정표현     130
4. 내레이터 되어보기     136
5. 쇼호스트 되어보기     142

## 제4장 똑똑하게 말하기

1. 언어 상상력     149
2. 육하원칙으로 말하기     155
3. '기억의 궁전' 암기법     165
4. 묘사·설명하기     174
5. 토론하기     182

## 부록

1. 현장 리포팅
2. 미래의 나와 라디오 진행
3. 가족뉴스
4. 경청

## 제1장

# 스피치는 솔직한 내 이야기!

1. Only One 자기소개
2. 논리 있게 말하는 '부메랑 스피치'
3. '말송이' 만들기
4. 회장선거 연설하기
5. 즉흥 스피치 비법 'PPF 스피치'

스피치는 어렵다고 생각하는 친구들이 많습니다. 친구들과 대화할 때는 시간 가는 줄 모르고 정신없이 이야기하는데 발표만 하려고 하면 괜히 꿀 먹은 벙어리가 됩니다. 말 잘 하던 나는 온데간데없고 부끄러워서 숨고만 싶어요. 이유는 단순해요. 많은 친구들 앞에서 스피치하는 것이 낯설기 때문이에요. 사람들 앞에 서서 무언가를 하는 일은 누구에게나 부담스럽고 불편한 일이죠. 더군다나 멋지게 보이려고 어디선가 본 그럴듯한 말을 기억해 내려고 하면 식은땀이 줄줄 나고 머릿속은 하얗게 백지상태가 되곤 합니다. 해결 방법은 없을까요? 방법은 간단합니다. 나에게 가장 익숙한, 내가 가장 잘 알고 있는 나의 이야기를 말하는 겁니다. 스피치는 남의 이야기가 아니라 솔직한 내 생각, 내 경험, 내 이야기를 친구들과 나누는 과정이에요. 지금부터 다양한 방법으로 내 이야기를 전해봅시다.

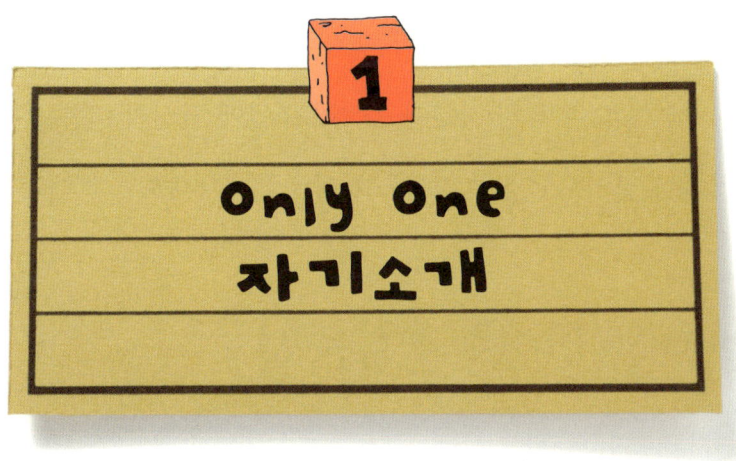

새 학년이 될 때마다 학급 친구들 앞에서 자기소개를 합니다. 처음 만난 친구들 앞에서 말하기가 정말 쑥스러울 거예요. 그렇다고 우물쭈물하다가 친구들에게 여러분이 누구인지 알려주지도 못한 채 자리에 앉으면 속상하겠죠? 그래서 오늘은 당당하게 자신을 소개하는 방법을 배워보려고 해요. 친구들 머릿속에 뚜렷하게 남는 'Only One 자기소개'로 멋진 나만의 소개를 해보겠습니다.

## 나는 누구일까요?

친구들에게 나를 소개하려면 먼저 나에 대해서 곰곰이 생각해 보아야 해요. 나의 이름, 나이, 내가 좋아하는 것, 내가 잘하는 것, 나의 가족, 나의 친한 친구들, 장래희망, 좋아하는 운동 등 나와 관련된 다양한 것들을 먼저 적어보세요. 다음의 가운데 동그라미 안에 자신의 이름을 적은 다음 나에 대해 알려주고 싶은 것들을 차례로 적어보세요.

## 나에 대해 알려주고 싶은 것

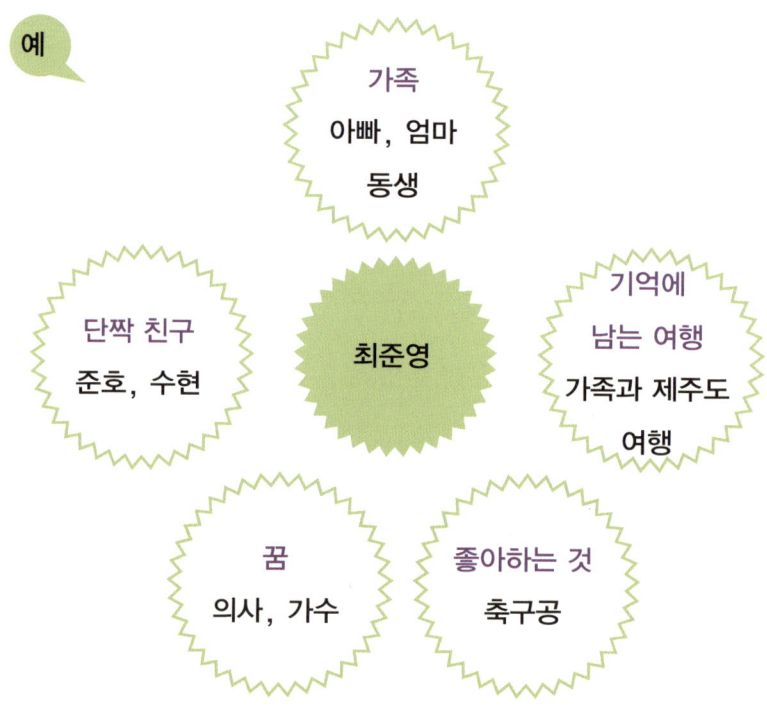

# 'Only One 자기소개' 배우기

나에 대해서 말해줄 것이 정말 많죠? 더 쓰고 싶은 친구들도 있을 거예요. 이렇듯 나에 대해 알려주고 싶은 것을 생각해 보면 뜻밖에 많답니다. 그럼 이제는 친구들 앞에서 발표할 일만 남았네요.

그전에 잠깐만! 친구들의 머릿속에 오래 남기 위한 자기소개 두 가지 비법을 먼저 배워볼게요.


### 1. '시작-중간-끝'으로 3등분 구성하기

글은 대체로 시작(서론), 중간(본론), 끝(결론) 이렇게 3단계로 이야기가 전개됩니다. 스피치도 마찬가지예요. 시작 부분에서는 친구들에게 인사하고 자신의 이름을 말합니다. 그 다음인 중간 부분에서는 자신에 대한 소개를 자세하게 말하면서 내가 누구인지 구체적으로 알려줍니다. 마지막으로 끝 부분에서는 내 소개를 들어줘서 고맙다는 인사와 함께 앞으로 잘 지내고 싶다는 친근함을 표현해주세요.


### 2. 'Only One 자기소개'

이제는 본격적으로 중간 부분에서 이야기할 나에 대한 소개 내용을 정해야 하는데요. 나에 대한 모든 것을 친구들에게 말해주고 싶지만 그렇게 하면 친구들이 내가 어떤 이야기를 했는지 기억하기 어려워요. 친구들에게 오랫동안 기억될 멋진 자기소개는 한꺼번에 여러 개를 말하는 것보다 한 가지만 선택해서 구체적으로 말하는 게 더 좋아요. 즉, 가장 말해주고 싶은 것 하나를 선택해서 그 이유와 연관된 나의 경험을 이야기하는 거예요. 이것을 'Only One 자기소개'라고 합니다.

# '제일 좋아하는 것'으로 자기소개를 한 예

최준영 친구는 제일 좋아하는 것으로 자기소개를 하려고 해요. 제일 좋아하는 것이 축구공이라고 하네요. 중간에서는 왜 축구공이 좋은지, 그리고 축구공과 나만의 이야기를 함께 언급했어요.

**시작 / 인사 이름**
안녕하세요? 저는 최준영입니다.
저는 제가 제일 좋아하는 것으로 제 소개를 하겠습니다.

**중간 / 말하고 싶은 내용 (only one 자기소개)**
제가 제일 좋아하는 것은 축구공입니다.
그 이유는 축구공만 있으면 누구와도 축구를 하면서 친구가 될 수 있기 때문입니다.
저는 학년이 올라갈 때마다 쉬는 시간에 친하지 않은 친구와도 축구를 하면서 친해질 수 있었습니다.
그래서 지금은 반 친구들 모두와 친하게 지냅니다.

**끝 / 마무리 감사인사**
앞으로 축구를 하면서 여러분들과도 친하게 지내고 싶습니다. 이상으로 제 소개를 마치겠습니다. 감사합니다.

# '꿈'으로 자기소개를 한 예

이번에는 꿈으로 자기소개를 해볼게요. 준영이는 가수와 의사, 두 개의 멋진 꿈을 갖고 있어요. 준영이의 소개를 들어볼까요?

**시작** — 인사 / 이름

안녕하세요?
저는 최준영입니다.

**중간** — 말하고 싶은 내용 (only one 자기소개)

제 꿈은 의사와 가수가 되는 것입니다.
먼저 의사가 되고 싶은 이유는 UN 난민기구와 같은 국제구호 단체에서 가난한 사람들에게 무료로 치료를 해주고 싶기 때문입니다.
특히 어린 아이들을 고쳐주는 소아청소년과 의사가 되고 싶습니다.
그리고 가수는 저의 또 다른 꿈입니다.
유명한 가수가 돼서 좋아하는 노래도 마음껏 부르고, 세계 곳곳을 다니며 멋진 공연을 하고 싶습니다.

**끝** — 마무리 감사인사

제 소개를 마치겠습니다. 감사합니다.

## 자기소개 실제 사례

**시작**
안녕하세요?
저는 4학년 2반 김유리입니다.

**중간**
친구들은 제가 소녀시대의 '윤아'와 닮았다고 말합니다.
처음에는 쑥스러웠지만 예쁜 얼굴에 노래까지 잘하는 윤아를 닮았다고 말해줘서 지금은 들을 때마다 기분이 좋습니다.

**끝**
지금 소녀시대의 안무를 연습하고 있는데 나중에 수련회에 가면 여러분과 함께 소녀시대 노래에 맞춰 재밌게 춤추는 시간을 갖고 싶습니다.
감사합니다.

## 자기소개 도전

자기소개를 완성해보셨나요? 이제는 친구들이 '저 친구는 OO였지~' 하며 나를 쉽게 기억해줄 거예요.

이렇듯 기억에 남는 인상적인 자기소개는 하나의 주제를 선택해 그에 대한 이유와 나만의 이야기로 내용을 충실하게 만들면 됩니다. 특히 나만의 경험과 이야기는 사람들의 공감을 불러일으켜 감동까지 전할 수 있습니다. 나의 진솔한 이야기에 사람들이 마음의 문을 열기 때문이죠. 이제는 'Only One' 전략으로 기억에 오래 남을 만한 멋진 자기소개를 해보세요.

# 논리 있게 말하는 '부메랑 스피치'

   친구들이 말을 할 때 이런저런 이야기를 해서 무슨 말인지 모를 때가 있는 반면 어떤 친구는 일관된 이야기를 해서 내용 파악이 빨리 되는 경우도 있어요. 도대체 둘의 차이는 무엇일까요? 정답은 스피치 속에 논리가 있고 없고의 차이입니다.

## 스피치 속 논리는 무엇일까요?

   여러분, '원숭이 엉덩이는 빨개~ 빨가면 사과~사과는 맛있어~~~' 이 노래 아나요? 선생님도 어렸을 때 친구들과 많이 불렀어요. 그런데 이렇게 쉬운 노래에도 논리가 숨어있답니다.

노래 가사를 살펴보면 원숭이 엉덩이는 빨간색. '빨간색' 하면 사과가 떠오르고 사과는 맛있는 과일이죠. 맛있는 또 다른 과일은 바나나. 바나나의 생김새는 어때요? 깁니다. '긴 교통수단'하면 떠오르는 것이 기차고요. 이렇게 노랫말이 꼬리에 꼬리를 물고 이어집니다. 이처럼 자연스럽게 이어지는 이유는 원숭이 엉덩이와 사과를 이어주는 빨간색이란 연결고리가 있기 때문이에요. 마찬가지로 사과와 바나나의 연결고리는 '맛있는 과일'이겠죠?

원숭이와 사과의 연결고리는 빨간색입니다.

이처럼 단어와 단어를 연결해주는 연결고리가 바로 '논리'입니다. 자연스럽게 이어주는 연결고리 때문에 다음 단어가 단번에 떠올랐다는 사실! 마찬가지로 스피치에서도 앞말과 뒷말을 연결해주는 연결고리가 있어야 노랫말처럼 스피치가 물 흐르듯 자연스럽게 이어질 수 있답니다. 논리는 어렵고 거창하다는 편견을 지우세요. 그럼 논리 있는 스피치는 어떻게 만들어지는지 배워볼게요.

## '부메랑 스피치' 배우기

'부메랑 스피치'란 이름 그대로 부메랑처럼 이야기가 처음으로 다시 돌아오며 끝나는 스피치예요. 자기소개와 마찬가지로 논리 있는 스피치도 '시작-중간-끝'으로 구성되는데 시작 부분에서 말한 주제를 끝에서 다시 언급하며 주제를 강조하는 흐름을 갖습니다. 훌륭한 연설로 유명한 미국의 오바마 대통령도 이러한 부메랑 스피치를 잘 활용하고 있는데요. 그럼 오바마 대통령의 연설에 녹아 있는 이름하여 '부메랑 스피치'를 자세히 배워보겠습니다.

시작 부분에서는 주제를 제시합니다. 인사와 함께 어떤 내용을 말할지 간략히 소개하는 부분이에요. '스피치를 잘하기 위해 필요한 것'을 주제로 스피치 한다고 가정할 때, 다음과 같이 주제를 언급합니다.

"스피치를 잘하기 위해서는 자신감이 가장 중요하다고 생각합니다."

중간에서는 시작에서 말한 주제를 보다 구체적으로 설명합니다. 이것을 '화제를 전개한다'라고 합니다. 주제를 뒷받침하는 나의 생각, 이유, 핵심 내용을 상세하게 말합니다. 그리고 주제와 연관된 나의 경험을 덧붙이면 금상첨화겠죠? 내 이야기가 없으면 친구들 이야기 또는 책에서 읽은 내용도 좋습니다. 단 연결고리가 끊어지지 않도록 주제와 연관된 예화여야 한다는 점을 꼭 기억하세요.

"저는 사람들 앞에서 말을 하면 너무 떨려서 아무 말도 못할 때가 많았습니다. 한번은 여느 때와 마찬가지로 하고 싶은 말도 못하고 자리에 돌아왔는데 너무 속상했습니다. 다른 친구들은 씩씩하게 발표해서 박수도 받는데 저는 그렇지 못해서 바보가 된 기분이었어요. 그래서 다음번에는 단 한마디라도 크고 자신 있게 말하고 들어오기로 다짐했습니다. 또다시 발표시간이 돌아왔고 저는 비록 더듬거렸지만 하고 싶은 말을 모두 하고 자리에 앉았습니다. 정신이 하나도 없고 다리도 후들거렸지만, 한편으로는 후련하면서 뿌듯하기도 했습니다. 친구들도 처음으로 한 저의 발표에 박수를 쳐줬고 선생님도

칭찬을 많이 해주셨습니다."

끝에서는 사람들이 스피치 내용을 머릿속에서 정리하도록 시작에서 언급했던 주제를 반복해서 말합니다. 세세한 내용을 듣다 보면 친구들이 '무슨 이야기를 하고 있었지?' 하며 길을 잃어버릴 수 있어요. 이때 시작에서 언급했던 주제로 되돌아가 다시 한 번 주제를 상기시킵니다. 중간에서 왜 그런 이야기를 했는지 이해되면서 스피치 주제를 강조하며 정리할 수 있기 때문이에요. 그렇다고 시작과 똑같이 말하면 스피치를 마무리하는 느낌도 안 들고 재미도 없겠죠? 그래서 끝에서는 주제를 반복하되 결론을 짓는 분위기가 들도록 조금 변형해서 스피치를 마무리하세요.

"아직도 발표하는 게 조금 떨리지만 이제는 자신감이 생겨 끝까지 발표할 수 있습니다. 여러분도 할 수 있다는 용기를 갖고 씩씩하게 발표해보세요. 스피치는 자신감입니다."

## 부메랑 스피치 정리

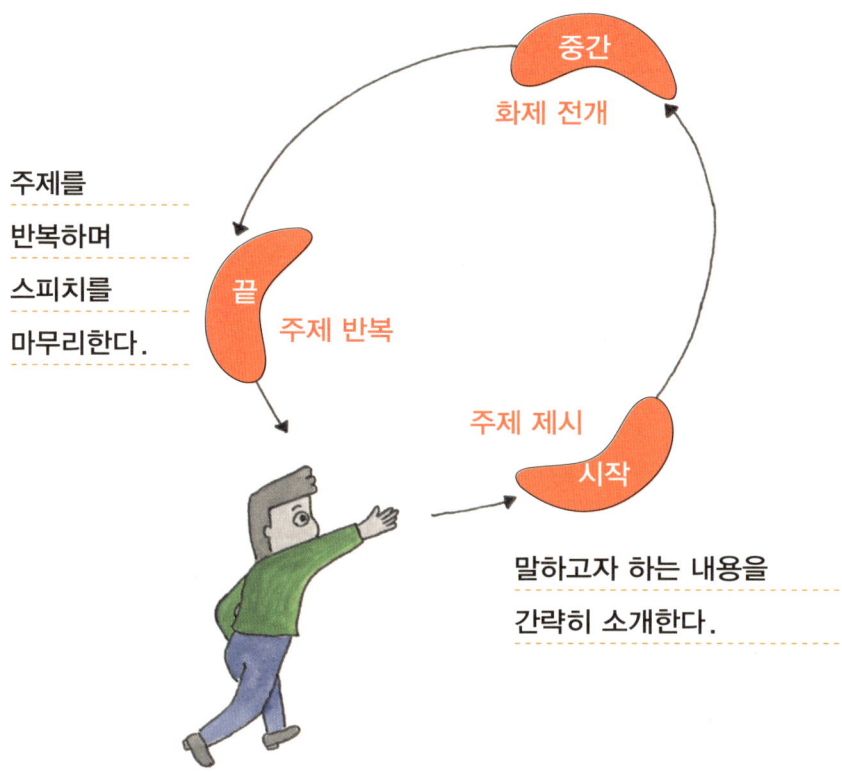

부메랑 스피치란 이야기가 처음으로 다시 돌아오며 끝나는 스피치입니다.

## '성공과 실패'를 소재로 한 부메랑 스피치 예

**시작 / 주제 제시**

저는 '성공은 실패의 어머니'란 주제로 말씀드리겠습니다.

**중간 / 화제 전개**

미국에서 역사상 존경받는 대통령으로 많은 사람들이 에이브러햄 링컨을 꼽습니다. 노예 해방을 선언하고, '국민에 의한, 국민을 위한, 국민의 정부'라는 유명한 연설을 남겨 여전히 많은 사람의 존경을 받고 있습니다.

이렇게 위대한 대통령으로 칭송받는 링컨도 미국 대통령이 되기까지 무려 여덟 번이나 선거에 패배했습니다. 두 번의 사업실패까지 누구보다 많은 실패를 거듭했습니다. 하지만 이런 절망적인 상황에서도 링컨은 결코 포기하지 않았습니다. 상원의원 선거에 패배한 후에도 이런 말을 했다고 합니다.

"내가 걷는 길은 언제나 험하고 미끄러웠다. 그래서 자꾸만 미끄러져 길 밖으로 곤두박질치곤 했다. 그러나 나는 곧바로 기운을 차리고 나 자신에게 이렇게 말했다. 길이 약간 미끄러울 뿐이지 아직 낭떠러지는 아니야."

**끝 / 주제 반복**

링컨이 실패할 때마다 좌절하고 도전하지 않았다면 위대한 업적을 이룬 존경받는 대통령으로 성공하진 못했을 것입니다. 숱한 어려움과 실패를 딛고 끊임없이 노력하는 것이 성공하기 위해 반드시 갖춰야 할 자세라고 생각합니다.

## 부메랑 스피치 도전

**주제: '말을 잘하기 위해 필요한 3가지'**

**시작** — 주제 제시

**중간** — 화제 전개

**끝** — 주제 반복

# 3 '말손이' 만들기

친구들 앞에서 발표할 때 여러분은 원고를 보고 읽나요? 아니면 친구들의 얼굴을 보면서 발표하나요?

긴 스피치를 해야 할 경우에는 원고를 조금씩 보면서 발표하는 것이 편합니다. 그래야 말할 내용을 잊어버리지 않게 되죠. 그렇다면 짧은 스피치를 할 때도 반드시 손에 보고 읽을 원고가 있어야 할까요? 무엇이 옳다 그르다 답할 수는 없지만, 원고가 없다고 간단한 스피치조차 못하는 것은 스피치를 너무 어렵게 생각했기 때문이에요. 실제로 보고 읽을 원고가 손에 없으면 스피치 내용을 잊어버릴까 봐, 혹은 원고의 글자 하나하나 그대로 말해야 한다는 중압감 때문에 짧은 스피치조차 못하는 친구들이 많습니다.

오늘은 원고를 손에 들지 않고도 머릿속 키워드만으로 스피치를 할 수 있는 '말송이'를 배워 보겠습니다.

## '말송이'가 무엇일까요?

'말송이'란 스피치 할 내용에서 중요한 단어 즉, 키워드만 간추린 후 연결해 포도송이처럼 만든 거예요. 중요한 키워드 중심으로 말의 뼈대를 세워나가면 끊이지 않고 스피치의 요점을 충분히 전달할 수 있습니다.

### '생일선물'이 소재인 말송이 예

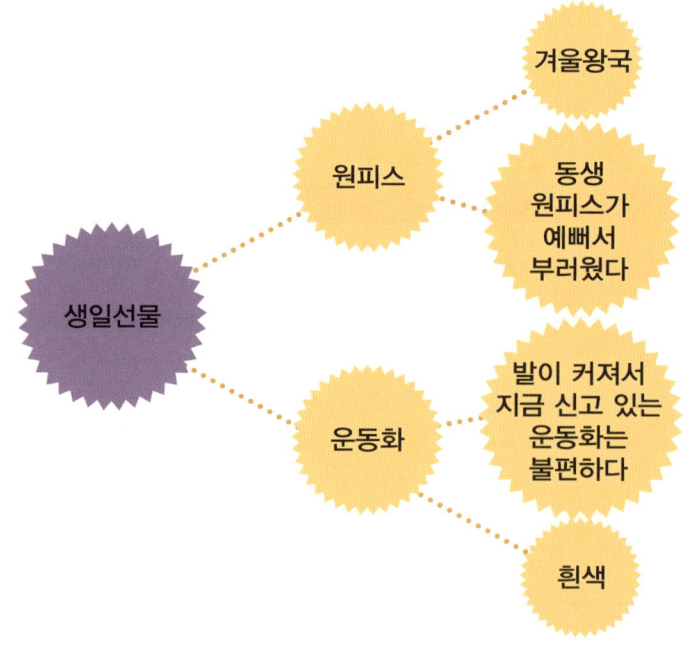

이 그림처럼 '생일선물로 받고 싶은 것'에 대해 스피치를 한다고 가정합시다. 첫 번째 송이는 '생일선물'이 키워드가 됩니다. 보통 스피치 할 제목 또는 주제를 써요.

다음으로 생일선물로 받고 싶은 것을 두 번째 줄 송이에 적습니다. 두 번째 송이는 소제목에 해당하겠지요. 소제목으로 원피스와 운동화를 각각 적습니다.

세 번째 줄 송이에 갖고 싶은 이유와 어떤 원피스를 갖고 싶은지 간단히 적습니다. 그림에서는 두 번째 말송이(원피스) 아래에 원피스 특징('겨울왕국' 그림이 그려진)과 이유(동생의 원피스가 예뻐서)를 각각 적었습니다. 운동화도 같은 방법으로 말송이를 완성했습니다. 자~ 완성된 말송이를 볼까요? 마치 포도송이를 옆으로 눕혀둔 것 같죠?

이제 발표할 일만 남았습니다. 머릿속에 말송이 그림을 외운 후 발표만 하면 돼요. 대본을 쓰지 않아서 불안한가요? 말송이를 말로 연결하면 그게 바로 스피치가 됩니다. 굳이 대본을 쓰지 않아도 돼요. 대본을 읽으며 발표하면 친구들과 눈도 못 마주쳐서 자연스러운 '발표'가 아닌 딱딱한 '읽기'가 돼버립니다. 우리의 스피치 목표는 언제나 '읽기'가 아닌 자연스러운 '말하기'라는 것을 기억해주세요.

## '생일선물로 받고 싶은 것' 말송이로 만든 스피치 예

> 저는 생일선물로 '겨울왕국' 포스터가 그려진 예쁜 원피스를 받고 싶습니다. 얼마 전, 동생이 겨울왕국의 엘사 원피스를 입었는데 공주님처럼 예뻤습니다. 그래서 이번 생일선물로 저도 예쁜 겨울왕국 원피스를 꼭 받고 싶습니다.
> 그리고 흰 운동화도 갖고 싶습니다. 지금 신고 있는 신발은 작아서 조금 불편합니다. 조금 큰 운동화를 신고 친구들과 맘껏 뛰어 놀고 싶습니다.

어때요? 대본이 있어야 발표를 할 수 있는 건 아니죠? 스피치는 이렇게 말하듯이 해야 친구들이 내 이야기를 집중해서 듣게 됩니다. 무엇보다 말송이를 이용하면 긴 스피치에서도 중간에 잊어버리지 않고 일관된 주제에 대해 말할 수 있어요. 말을 길게 하다 보면 옆으로 새서 갑자기 '무슨 말을 하려고 했더라' 하며 길을 잃곤 하는데 이 방법은 말송이를 이야기로 엮었기 때문에 요점을 놓치지 않게 해준답니다.

## '건강에 필요한 3가지'를 주제로 만든 말송이 예

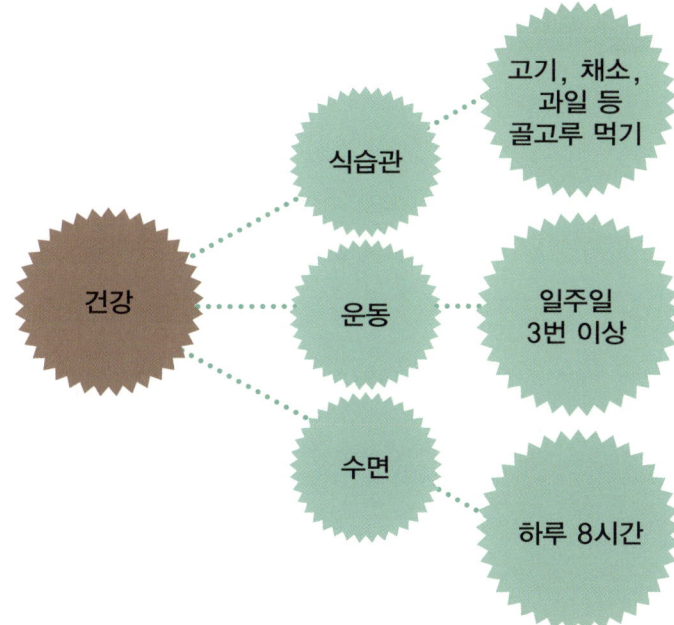

## '건강에 필요한 3가지' 말송이로 만든 스피치 예

건강하게 생활하는 데 필요한 세 가지를 말씀드리겠습니다.
첫째는 식습관입니다. 편식하지 않고 고기, 채소, 과일을 골고루 먹는 게 중요합니다.
둘째는 운동입니다. 귀찮아도 운동은 월, 수, 금 이렇게 계획을 짜서 주 3회 정도 꾸준히 해야 합니다.
셋째는 수면입니다. 늦게까지 TV를 보지 말고 일찍 잠자리에 들어 평균 8시간 정도 자야 합니다.
올바른 식습관, 꾸준한 운동 그리고 적당한 수면을 생활 습관으로 만들어 매일 건강하게 생활합시다.

# 말송이 만들기 도전

주제

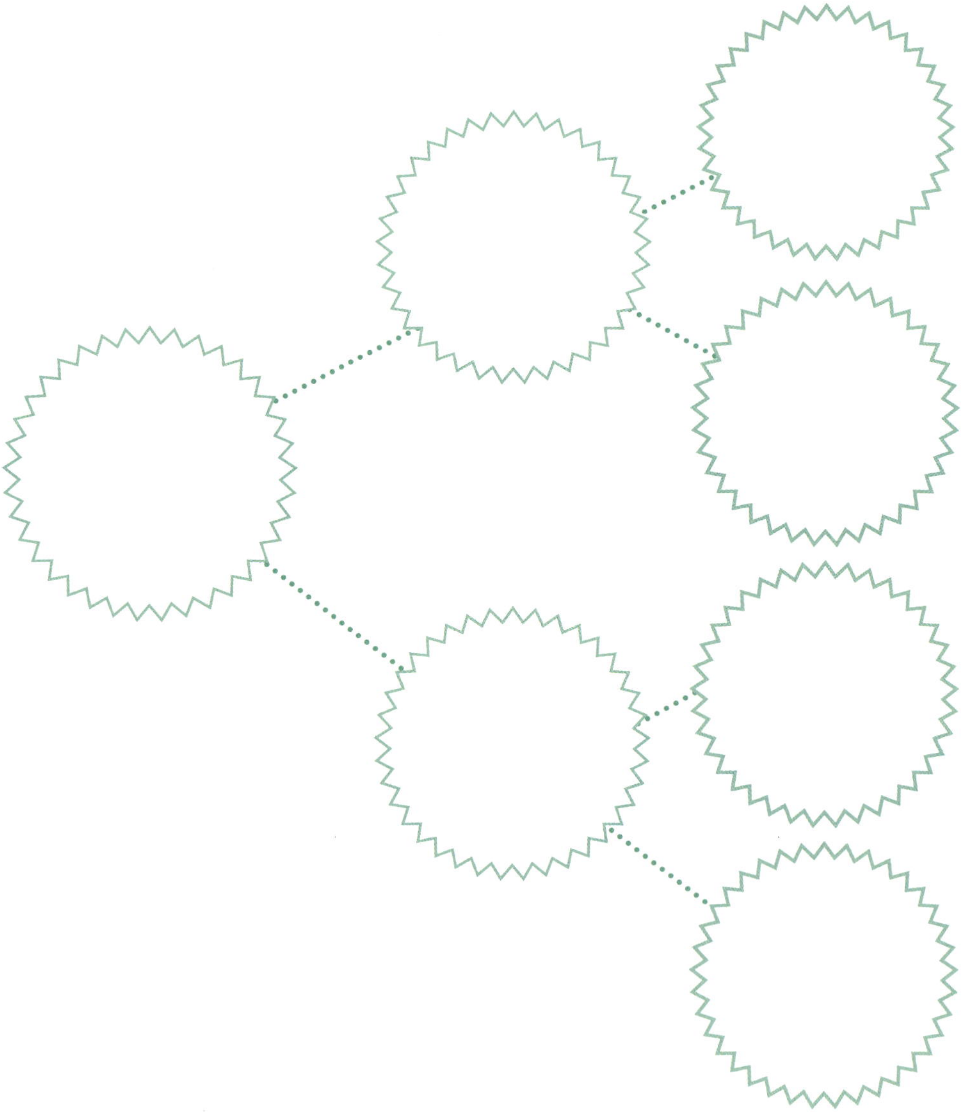

### 말송이를 연결하여 스피치하기

앞의 말송이를 모두 채웠으면 처음에는 말송이를 보고 스피치를 해 보세요. 문장을 일일이 적지 않아도 충분히 말을 이어갈 수 있어요. 조금 익숙해지면 이번에는 말송이를 보지 않고 스피치를 합니다. 말송이를 기억해 둔 다음 머릿속에서 하나씩 꺼내며 스피치를 이어갑니다. 처음에만 낯설지 이러한 방법이 익숙해지면 아마 여러분들 중 몇몇은 원고 쓰는 것도 귀찮아하게 될 걸요? 하하하~ 반복이 습관을 만들 듯 연습하면 짧은 스피치의 경우, 누구나 원고 없이 자연스럽게 스피치할 수 있습니다.

새 학기가 되면 회장선거를 합니다. 회장과 학급 임원이 되려면 투표를 하기 전에 연설을 하는데요. 어떻게 연설해야 친구들에게 듬직한 리더로 보일까요? 먼저 연설문을 쓰는 방법부터 배워봅시다.

## 연설문 배우기

**1. 지킬 수 있는 공약 제시하기**

연설문도 앞에서 배운 자기소개나 부메랑 스피치처럼 처음-중간-끝의 3단계로 구성합니다.

처음은 간단한 자기소개와 인사말로 친근함을 표현해주세요. 중간 부분은 연설에서 가장 중요한 부분으로 공약을 제시합니다. 공약은 선거 운동을 할 때 후보자가 당선 후에 실천하겠다는 공적인 약속을 말해요. 당연히 지킬 수 있는 약속을 제시해야 합니다. 당선된 후에 공약을 지키지 못하면 거짓말쟁이가 될 수 있기 때문에 반드시 실천 가능한 공약을 제시해주세요. 마무리는 감정을 호소하며 진실하고 간절한 마음을 전해주고요.

### 2. 행동으로 공약을 구체화하기

깨끗한 반으로 만들겠다는 공약을 내세웠다고 가정해봅시다. 공약만 말하고 다음 공약으로 넘어가면 남들과 다를 바가 없는 뻔한 소리로 들리기 쉬워요. 말뿐이 아닌 정말로 실천할 수 있는 구체적인 방법을 함께 제시해야 신뢰가 생깁니다.

> "제가 회장이 된다면 우리 반을 가장 깨끗한 반으로 만들겠습니다. 제 빠른 발로 쓰레기가 보이면 누구보다 먼저 가서 치우겠습니다."

구체적인 방법이 뒤따를 때 공약이 더욱 현실감 있게 다가오죠? 재빨리 쓰레기를 줍는 여러분의 모습이 상상되면서 더욱 믿음직하게 느껴질 거예요.

### 3. 나의 경험담으로 공약에 신뢰감 더하기

공약의 신뢰도는 나의 경험, 이야기로도 높일 수 있어요. 공원 청소 봉사활동 같은 평소의 경험을 이야기하면서 앞으로 반을 위해 어떻게 할 것이라고 말하면 더욱 좋겠지요.

> "저는 부모님과 함께 재활복지센터에서 청소봉사를 합니다. 넓은 곳을 구석구석 청소하는 게 처음에는 힘들었지만, 그동안 꾸준히 해온 덕택에 이제는 LTE 급 속도로 꼼꼼히 청소하는 데 자신 있습니다. 그동안의 경험으로 우리 반을 항상 청결하게 만들겠습니다."

진짜 청소 하나는 확실할 것 같죠? 회장에 당선되기 위한 번지르르한 날림공약과 달리 진실성이 느껴지는 연설문 소재로는 나의 경험만 한 게 없답니다. 꼭 활용해보세요.

## 구체적인 행동과 경험을 바탕으로 한 회장선거 연설하기 예

**처음 — 인사말, 자기소개**

안녕하세요. 기호 ○번 ○○○입니다.
저는 우리 반을 최고의 반으로 만들기 위해 이 자리에 나왔습니다.

**중간 — 공약 제시하기 -구체적인 행동 - 경험**

저는 다음과 같은 세 가지 약속을 지키겠습니다.
첫째, 깨끗한 반으로 만들겠습니다. 누구보다 먼저 빗자루를 잡는 모습으로 솔선수범하여 항상 청결한 교실을 만드는 데 앞장서겠습니다.
둘째, 왕따가 없는 반으로 만들겠습니다. 제가 처음 이 학교에 전학 왔을 때, 친구가 없어 외로웠습니다.
하지만 운동장에서 농구하던 친구들이 혼자 있던 저를 끼워줘 빠르게 적응할 수 있었습니다.
예전의 저처럼 혼자 있는 친구에게 먼저 다가가는 따뜻한 회장이 되겠습니다.
셋째, 인사성이 좋은 반으로 만들겠습니다. 저의 우렁찬 목소리로 우리 학교에서 가장 활기차게 인사하는 유쾌한 반으로 만들겠습니다.

**끝 — 감정 호소**

처음으로 회장선거에 나와 많이 떨리지만 그만큼 열정으로 가득 차 있습니다. 저의 뜨거운 열정으로 여러분들을 위해 열심히 일하겠습니다. 여러분을 위한 회장!
기호 ○번 ○○○입니다.
감사합니다.

## 경험을 통한 회장선거 연설하기 예

**처음 — 인사말, 자기소개**

안녕하세요.
오뚝이를 닮은 기호 ○번 ○○○입니다.

**중간 — 공약 제시하기 – 경험**

저는 지난 학기 회장선거에서 떨어진 경험이 있습니다. 처음에는 너무 속상하고 창피해서 학교에 오기도 싫었습니다.

하지만 이 경험은 저를 돌아보고 반성하는 계기가 됐습니다. 그동안 친구들에게 장난만 치고, 따뜻하게 대하지 않는 장난꾸러기인 제 모습을 발견했기 때문입니다.

그래서 저는 친구들의 의견을 존중하고, 공부도 열심히 하며 모범적인 학생이 되고자 노력했습니다. 이제는 듬직한 일꾼, 여러분의 손과 발이 될 자신이 있습니다.

**끝 — 감정 호소**

여러분, 오뚝이처럼 일어서는 저의 도전에 여러분의 한 표가 큰 힘이 될 것입니다. 여러분의 의견에 항상 귀 기울이는 겸손한 회장이 되겠습니다.
이상 기호 ○번 ○○○입니다.
들어주셔서 감사합니다.

## 회장선거 연설하기 실제 사례

**처음** — 인사말, 자기소개

안녕하세요. 저는 기호 6번 한유빈입니다. 저는 최고의 학교를 만들기 위해 이 자리에 나왔습니다.

**중간** — 공약 제시하기

2가지 공약을 지키겠습니다.

첫째, 싸움이 없는 교실을 만들겠습니다. 폭력이 없어 다치는 친구가 없는 학교를 만들겠습니다.

둘째, 깨끗한 교실을 만들겠습니다. 교실에 쓰레기가 여기저기 버려져 냄새 때문에 공부하기 힘들었던 적이 있습니다. 누구보다 빗자루와 대걸레를 먼저 들겠습니다.

**끝** — 감정 호소

말하는 지금 많이 떨리지만 그만큼 열정도 가득합니다. 여러분을 위해 온 힘을 다해 제가 세운 공약을 꼭 지키겠습니다. 지금까지 기호 6번 한유빈이었습니다. 감사합니다.

## 연설문 도전

> 꿀팁! **연설할 때 기억해야 할 것**

1. 큰 소리로 말하세요. 연설은 자신감이 제일 중요한데 목소리가 작으면 자신감이 없어 보여요.
2. 중요한 부분은 조금 천천히, 또박또박, 강하게 말해서 강조하고 있다는 느낌을 전달해주세요. 강조할 부분을 연설문에 미리 표시하면 실전에서도 자연스럽게 말할 수 있습니다.
3. 인사할 때는 부드러운 미소와 자신감 있는 표정으로 여유로운 당당함을 보여주세요. 연설하러 나오면 다들 바짝 얼어서 굳은 표정으로 인사를 시작하는데 온화한 미소로 밝게 인사하세요.
4. 친구들과 골고루 눈을 맞추며 연설해봐요. 천장 또는 바닥을 보거나 눈동자를 굴리거나 지나치게 자주 깜빡이면 듣는 친구들이 불안해해요. 자신감 있는 눈빛으로 여러분의 열정을 보여주세요.
5. 연습할 때, 연설하는 모습을 녹화해서 점검해보세요. 나도 모르게 몸은 흔들고 있지는 않은지, 말이 너무 빠르지는 않은지 사전에 점검해야 합니다.

링컨은 미국의 제16대 대통령입니다. 링컨의 업적에서 가장 회자되는 일은 1863년에 노예 해방을 선언한 일이에요. 그 당시 미국에는 노예제도가 있어 인종에 따른 차별이 굉장히 심했는데 링컨이 노예제도를 폐지해 자유와 평등 개념을 보다 현실적으로 구현시켰어요. 그 노예 해방 연설에서 '국민의, 국민에 의한, 국민을 위한 정부'라는 민주주의의 정의를 대표하는 유명한 명언을 남겼어요. 이처럼 자신의 의견을 잘 전달한 연설은 사람들에게 큰 가르침을 주고 나아가 전 세계의 역사를 바꾸는 위대한 업적이 되기도 합니다.

민주주의의 정신을 잘 드러낸 연설을 남긴 링컨 대통령

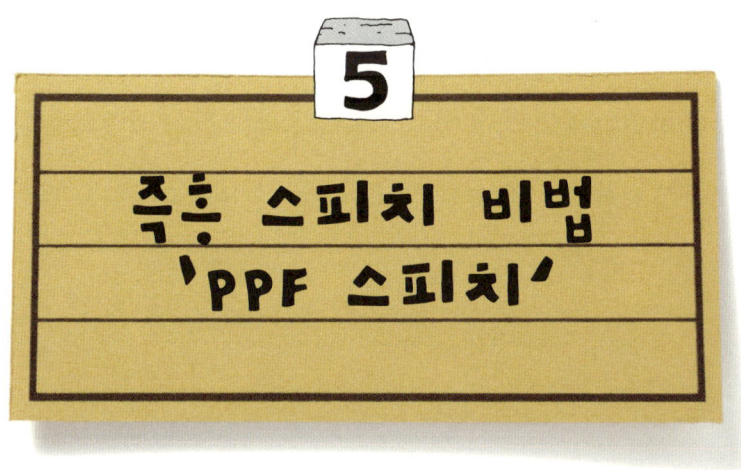

## 즉흥 스피치는 무엇일까요?

 사람들 앞에서 갑자기 말을 해야 하는 상황에 처할 때가 있습니다. 너무나 당황스러운 상황에서도 순발력 있게 말을 잘하는 건 누구에게나 쉽지 않아요. 이렇게 예상치 못한 순간에 즉흥적으로 하는 발표를 '즉흥 스피치'라고 해요. 발표할 원고도 없고 연습도 못했다고 지레 겁먹는 친구들이 많을 텐데 그런 친구들도 오늘 배울 'PPF 스피치' 법칙만 알고 있으면 언제 어디서든 짧고 멋진 스피치를 뚝딱 만들어낼 수 있습니다.

### PPF 스피치 배우기

'PPF 스피치'란 Past(과거) – Present(현재) – Future(미래) 순으로 말하는 스피치 방법이에요. 자~ 이해하기 쉽게 예를 들어 설명해보죠.

앞 시간에 회장선거 연설을 했는데 이번 시간에는 그 회장선거에 당선돼서 소감을 'PPF 스피치'에 따라 말한다고 가정할게요.

시작은 나의 과거(Past)의 상황, 느낌을 말합니다.

> **Past (과거)** 저는 사실 이렇게 당선될 것이라고 기대조차 못했습니다. 함께 선거에 출마한 친구들이 모두 똑똑하고 착한 친구들이어서 경쟁이 치열할 것으로 생각했기 때문입니다.

다음은 나의 현재(Present)의 상황, 기분에 대해 솔직히 말합니다.

> **Present (현재)** 숫기도 없고 부끄러움이 많은 저를 회장으로 뽑아주셔서 정말 감사합니다. 쑥스러워 볼이 붉어지면서도 진심을 다해 연설하는 모습을 좋게 봐 주신 것이라 생각합니다.

마지막은 미래(Future)의 각오, 의지를 표명합니다.

> **Future (미래)** 어렵게 당선된 만큼 자만하지 않고 항상 무슨 일이든지 열심히 하는 회장이 되겠습니다.
> 감사합니다.

이제 각각 시간의 흐름에 따라 나누어진 스피치 조각을 순서대로 쭉 이어보겠습니다.

"저는 사실 이렇게 당선될 것이라고 기대조차 못했습니다. 함께 선거에 출마한 친구들이 모두 똑똑하고 착한 친구들이어서 경쟁이 치열할 것으로 생각했기 때문입니다. 그런데 숫기도 없고 부끄러움이 많은 저를 회장으로 뽑아주셔서 정말 감사합니다. 쑥스러워 볼이 붉어지면서도 진심을 다해 연설하는 모습을 좋게 봐주신 것이라 생각합니다. 어렵게 당선된 만큼 자만하지 않고 항상 무슨 일이든지 열심히 하는 회장이 되겠습니다. 감사합니다."

P(과거) - P(현재) - F(미래)의 순서로 말하니까 신기하게도 한 편의 이야기처럼 귀에 쏙쏙 들어오는 감동적인 스피치가 완성되죠. 시간의 흐름에 따라 말하면 어느새 이야기로 만들어져 자연스럽게 친구들이 여러분의 말에 집중하게 된답니다. 바로 이게 스토리텔링의 효과예요. 그리고

PPF 스피치는 머릿속에서 짧은 시간에 만들 수도 있어 갑작스럽게 스피치를 해야 하는 상황일 때 약방의 감초처럼 쓰일 수 있답니다.

정리하면 'PPF 스피치'는 즉흥적으로 하는 자기소개, 수상소감 등 일상의 모든 상황에서 '연필' 없이 만들 수 있는 즉흥 스피치 방법입니다.

한 가지 더! 'PPF 스피치'는 사실 즉흥 스피치뿐만 아니라 내 이야기, 경험이 들어가는 모든 스피치에 적용이 가능한 만능 스피치로도 손색이 없습니다. 이전 시간에 배웠던 연설문에도 쓰일 수 있는데요. 한번 살펴보도록 하죠.

**Past (과거)** 저는 ~~~ 했습니다.

**Present (현재)** ~~입니다 / ~~ 하고 있습니다.

**Future (미래)** 앞으로 ~~~ 하겠습니다.

## 연설문 속 PPF 스피치 찾기 예

**P (과거)**

안녕하세요. 오뚝이를 닮은 기호 ○번 ○○○입니다. 저는 지난 학기 회장선거에서 떨어진 경험이 있습니다. 처음에는 너무 속상하고 창피해서 학교에 오기도 싫었습니다.
하지만 이 경험은 저를 돌아보고 반성하는 계기가 됐습니다. 그동안 친구들에게 장난만 치고, 따뜻하게 대하지 않는 장난꾸러기인 제 모습을 발견했습니다.

**P (현재)**

그래서 저는 친구들의 의견을 존중하고, 공부도 열심히 하며 모범적인 학생이 되고자 노력하고 있습니다.
그동안의 노력으로 이제는 듬직한 일꾼, 여러분의 손과 발이 될 자신이 있습니다.

**F (미래)**

여러분, 오뚝이처럼 일어서는 저의 도전에 여러분의 한 표가 큰 힘이 될 것입니다. 여러분의 의견에 항상 귀 기울이는 겸손한 회장이 되겠습니다.

이상 기호 ○번 ○○○입니다.
들어주셔서 감사합니다.

이 연설문 기억나요? 앞의 예문에 있던 글이죠. 똑같은 연설문인데 P(과거) - P(현재) - F(미래)로 나뉘죠? 서술어의 시제가 과거-현재-미래의 흐름으로 나갑니다. 나의 경험을 바탕으로 만든 연설문은 자신의 이야기이기 때문에 시간의 흐름이 글 속에 녹아있을 수밖에 없어요. 공약 준비가 힘든 친구들은 자신의 경험과 이야기가 있는 'PPF스피치'로 감동적인 연설을 준비해보세요.

### PPF 스피치 실제 사례

**P (과거)** 저는 고운 말 쓰기와 특별 활동이 많은 학교를 만들겠다는 공약으로 반장 선거에 출마했습니다. 그런데 생각보다 많은 후보가 나와서 연설 준비하는 내내 많이 떨렸습니다.

**P (현재)** 그러나 부족하고 겁도 많은 저를 믿고 반장으로 뽑아 주셔서 감사합니다.

**F (미래)** 앞으로 제가 제시했던 공약을 꼭 지켜서 행복한 학교를 만들겠습니다.

## 'PPF 스피치'로 감사인사 전하기 도전(회장 당선 후)

**P (과거)**

**P (현재)**

**F (미래)**

## 'PPF 스피치'로 수상소감 전하기 도전

**P (과거)**

**P (현재)**

**F (미래)**

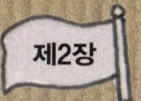

제2장

# 나도 아나운서처럼 말할래요

1. 아나운서처럼 풍성한 목소리를 갖고 싶어요
2. 또박또박 말해요
3. 나도 멋진 앵커가 될래요
4. 나는야 국민MC!
5. 오늘 날씨입니다

스피치를 청중에게 잘 전달하는 것은 스피치의 내용 못지않게 중요합니다. 어떻게 전달하느냐에 따라 정성 들여 준비한 스피치가 빛을 발할지 아니면 그저 그런 발표로 끝날지 평가되기 때문이에요. 너무 작은 소리로 발표해서 목소리조차 들리지 않는다든지 발음이 부정확해서 스피치를 알아듣기 힘들다든지 너무 빨리 말해서 청중이 이해하지 못한다면 좋은 스피치로 보기 어렵겠죠? 이처럼 스피치의 전달력은 발표자의 목소리, 발음, 속도에 따라 결정됩니다. 열심히 준비한 나의 이야기를 아나운서 같은 편안한 목소리, 또렷한 발음, 적절한 속도 그리고 공손한 어투로 빚은 예쁜 그릇에 담아 전달해보도록 해요.

# 1 아나운서처럼 풍성한 목소리를 갖고 싶어요

TV에 나오는 아나운서들의 목소리는 언제나 들어도 좋죠? 안정적이면서도 풍성한 소리는 좋은 콘텐츠만큼이나 중요합니다. 아무리 좋은 이야기라도 소리가 너무 작거나 귀가 따가울 정도로 크면 오래 들을 수가 없어요. 목소리가 들리지 않으면 무슨 말을 하고 있는지 알 수 없고, 너무 고래고래 소리를 지르며 말하면 시끄러워서 친구들이 멀리 도망갈 거예요. 그렇기 때문에 따뜻하면서 안정적인 목소리로 스피치를 해야 친구들이 여러분의 이야기에 호기심이 생겨 비로소 스피치에 관심을 두게 됩니다.

## 좋은 목소리는 바른 자세부터 시작해요

좋은 목소리를 내겠다고 입을 크게 벌려 무작정 소리만 크게 내려는 친구가 있는 것 같은데 가장 중요한 걸 놓쳤어요. 듣기 좋은 목소리를 내려면 먼저 자세부터 반듯해야 합니다. 좋은 악기가 좋은 소리를 만드는 것처럼 우리의 목소리를 만드는 우리의 몸 즉, 자세가 발라야 좋은 목소리로 스피치를 할 수 있습니다.

자~ 먼저 친구들 앞에서 스피치 할 때 여러분의 모습은 어떤지 확인해 보세요. 혹시 다음 사진 중에서 자신과 비슷한 자세가 있나요? 이 자세들은 모두 스피치에 적합하지 않은 자세예요.

첫 번째 사진은 발표가 부끄러워 말하는 내내 몸을 좌우로 흔드네요. 몸이 흔들리면 말하는 목소리도 떨리고 무엇보다 보는 친구들이 불안해해요. 두 번째 사진은 한 발로 다른 다리를 감아 몸을 꼬는 모습이에요. 친구들 앞에서 말하는 게 너무 쑥스러운가 봐요. 이것 역시 자신감이 없어 목소리가 점점 작아지는 좋지 못한 자세예요. 세 번째 사진은, 많은 친구가 여기에 속할 것 같은데요. 구부정한 자세로 오랫동안 컴퓨터를 하거나 스마트폰을 사용해서 등이 굽고 목이 거북이처럼 앞으로 쭉 나와 있어요. 이런 자세로는 스피치하는 모습이 예쁘지 않을뿐더러 아래턱이 앞으로 나와 딱딱하고 얕은 목소리가 나오기 쉬워요.

몸을 흔드는 자세      몸을 꼬는 자세      거북목으로 등이 굽은 자세

   스피치 시 좋은 자세는 먼저 어깨와 가슴을 반듯하게 펴고 시선은 정면을 바라보며, 몸이 흔들리지 않게 다리를 어깨너비만큼 벌려 선 자세입니다. 목은 위로 쭉 당겨 어깨선과 일직선이 되도록 턱을 조금 당겨주세요.

어때요? 자신 있으면서 당당해 보이는 멋진 자세가 나오죠. 바른 자세는 보기에도 좋을 뿐만 아니라 충분한 호흡과 올바른 발성을 가능케 해요. 좋은 목소리를 내는 데 갖춰야 할 첫 번째 조건입니다.

바이올린을 켜는데 줄이 하나 끊어졌거나 몸통이 찌그러졌다고 생각해보세요. 좋은 소리가 나올 수 있을까요? 당연히 음정이 맞지 않아 멋진 연주를 하기 어렵겠죠. 마찬가지로 좋은 자세에서 좋은 목소리가 만들어집니다. 몸에 익숙해지도록 평상시에도 바른 자세로 생활하는 습관을 길러주세요.

바른 자세

# 복식호흡은 무엇일까요?

좋은 자세를 익혔다면 이제부터 좋은 목소리를 내는 데 필요한 호흡을 알아볼게요. 그 전에 목소리가 어떻게 만들어지는지부터 살펴보겠습니다.

소리의 시작은 먼저 숨을 들이마시는 것에서 출발합니다. 몸 안에 들어온 공기는 폐에 저장돼요. 폐에 저장된 공기는 목 안에 있는 '성대'라는 곳을 지나가면서 미미한 소리를 만듭니다. 이 소리는 너무 작아서 여러분 귀에 잘 들리지 않아요. 성대에서 만들어진 작은 소리는 여러 공명 기관, 즉 목구멍, 입안, 얼굴 안쪽의 빈 공간(이마, 광대, 코)을 거치면서 친구들이 들을 수 있을 정도로 크고 고유한 색깔을 지닌 나만의 음색으로 바뀝니다.

여러분과 친구들의 목소리가 제각기 다른 이유가 여기에 있는 거죠. 목소리는 이렇듯 복잡한 과정을 거쳐 마침내 입 밖으로 나오면서 상대방에게 들리는 겁니다. 참 어렵죠~

앞서 설명했다시피 목소리는 숨을 들이마시는 것부터 출발한다고 했어요. 평소에 하는 호흡인데 따로 배워야 할 필요가 있을까요? 안타깝게도 우리가 지금부터 배울 호흡은 평상시 했던 호흡과 조금 다르기 때문에 별도로 학습해야 합니다. 가족과 친구들끼리 편하게 대화할 때는 작게 말해도 상관없지만 친구들 앞에서 말할 때는 먼 곳까지 목소리가 전달돼야 하므로 더 많은 공기와 몸의 에너지(힘)가 필요하죠. 이때를 위해 필요한 호흡이 '복식호흡'입니다.

지금까지 우리는 적은 양의 공기만 오고 가는 얕은 호흡을 했어요. 일상생활을 할 때 우리 모두 이런 얕은, 가벼운 숨을 쉬면서 살고 있죠. 이때의 호흡을 '흉식호흡'이라고 합니다.

잘 모르겠다고요? 100미터 달리기를 하고 나면 숨을 헐떡거리는데 이때 어깨가 위아래로 움직이면서 호흡이 일어나죠? 이게 바로 흉식호흡이에요. 흉식호흡의 외형적인 특징은 숨을 들이마실 때 어깨가 위로 올라간다는 겁니다.

그러나 지금부터 우리가 배워야 할 복식호흡은 이것과 달라요. 복식호

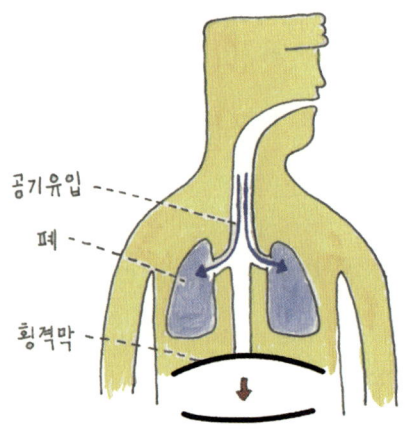

횡격막은 가슴과 배를 구분하는 근육으로 된 막이며 가로막이라고도 부른다.

흡은 우리가 평상시에 하는 흉식호흡보다 많은 양의 공기가 들어오고 나갑니다. 그 이유는 폐에 공기가 가득 차면 가슴과 배를 나누는 부분의 근육인 '횡격막'이 아래로 내려가 더 많은 공기를 폐에 저장시킬 수 있기 때문이에요. 음식을 먹다 체하면 명치가 답답하다고 하죠. 명치가 바로 횡격막이 있는 부분입니다.

이 횡격막이 아래로 내려가면 원래 그 자리에 있던 대장, 소장 등의 장기가 말랑한 배로 밀려나와 배가 앞으로 살짝 나오게 됩니다. 외관상으로 어깨가 위아래로 들썩거리는 흉식호흡과 명백히 다른 점입니다. 그래서 복식호흡을 일명 '횡격막 호흡'이라고 해요. 횡격막을 사용했기 때문이지요.

우리가 스피치할 때 복식호흡을 하면 크고 안정적인 목소리를 낼 수

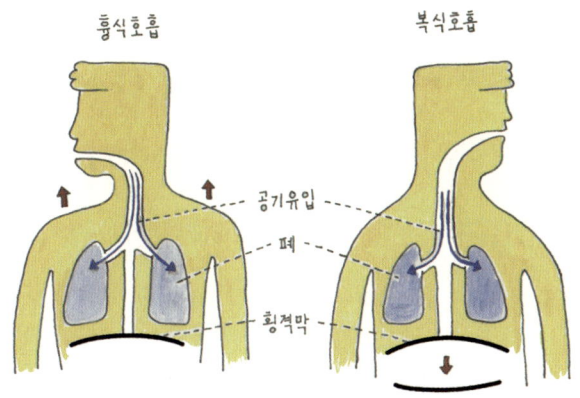

흉식호흡은 호흡할 때 횡격막을 사용하지 않아 어깨가 위아래로 움직이고,
복식호흡은 횡격막을 사용하면서 배가 부풀었다가 줄어들기를 반복한다.

있도록 목 상태를 편안하게 만들고, 많은 양의 공기를 들이마실 수 있습니다. 그리고 말하면서 내쉬는 숨을 적절히 조절할 수 있습니다. 다시 말해 폐에 가득 찬 공기가 말을 시작하자마자 한꺼번에 확 나오지 않고 말을 하는 동안 조금씩 나오도록 컨트롤할 수 있게 된다는 뜻이에요. 이런 장점이 많은 복식호흡을 어떻게 하는지 연습해보도록 해요.

## 복식호흡 배우기

**1 단계. 복식호흡 느끼기**

누워있는 자세

우리가 누워있으면 복식호흡을 저절로 하게 됩니다. 배우지 않았는데도 말이죠. 누워있으면 저절로 배가 위아래로 조금씩 움직이는데 이게 바로 '복식호흡'입니다. 옆에 자고 있는 부모님 혹은 동생의 배를 보세요. 배가 풍선처럼 부풀었다가 쪼그라들기를 반복하면서 움직일 거예요.

사실 우리는 태어날 때부터 원래 복식호흡을 하게끔 되어있어요. 갓난아이가 아무리 울어도 목이 쉬지 않는 건 복식호흡으로 숨을 쉬고 있기 때문이죠.

    이렇듯 사람은 누구나 누우면 저절로 복식호흡을 하게 됩니다. 단, 온몸에 힘을 뺀, 완전히 이완된 상태여야만 복식호흡이 되니 반드시 몸에 긴장을 풀고 편안하게 누워주세요. 가장 자연스러운 호흡이 가장 완벽한 호흡이라는 점을 기억하며 배에 힘을 줘서 앞으로 내밀거나 안으로 집어넣지 않길 바라요.

의자에 기댄 자세

    두 번째 사진은 의자에 비스듬히 기댄 모습입니다. 이 자세는 바닥에 누워있지 못할 상황일 때 대체할 수 있는 자세입니다. 이 모습 역시 누워있을 때처럼 저절로 배가 위아래로 조금씩 움직입니다. 윗배에 손을 가볍게 올려보세요. 배가 움직이는 게 느껴지나요?

두 자세는 우리가 의식적으로 노력을 기울이지 않아도 저절로 복식호흡이 되도록 연출한 자세입니다. 왜 그럴까요? 이유는 호흡할 때 어깨가 위아래로 움직이지(흉식호흡의 현상) 않도록 바닥과 의자 등받이에 어깨를 고정했기 때문입니다. 그렇기 때문에 어깨가 아닌 횡격막이 움직일 수밖에 없는 거죠. 궁금증이 좀 해결됐나요?

**2단계. 복식호흡 연습하기**

서 있는 모습

먼저 사진과 같이 어깨와 가슴을 반듯하게 펴고 다리를 어깨너비만큼 벌려 편안하게 섭니다. 앞서 학습한 발표 시의 바른 자세와 같아요. 이제 윗배에 가볍게 손을 얹고 배의 움직임을 느껴가며 다음 순서를 따라 복식호흡을 연습해봐요.

① 먼저 몸 안의 호흡을 입으로 '후'하며 완전히 내뱉습니다.

② 5초 들이마시고, 5초간 내쉽니다. 숨을 들이마실 때 반드시 코로만 천천히 들이마십니다. 내쉴 때는

입과 코로 내쉬어도 상관없어요. 이렇게 3회를 반복하세요. 이때 꽃 한 송이가 코앞에 있다고 상상하며 꽃향기를 깊이 맡듯이 공기를 들이 마십니다. 향긋한 향기가 온몸에 퍼지는 것처럼 폐 깊숙이 채운다는 느낌으로 해주세요.

③ 3초간 들이마시고, 3초간 내쉽니다. 방법은 앞의 방법과 같아요.

④ 2초간 들이마시고, 2초간 내쉽니다.

⑤ 1초간 들이마시고, 1초간 내쉽니다.

⑥ 마지막으로 입을 살짝 벌린 후 입과 코를 이용하여 빠르게 숨을 들이마시고 내쉽니다(이를 '찰나 호흡'으로 부르겠습니다). 이때 유의할 것은 입으로 많은 공기가 들어오기 때문에 조금만 들이마신다는 생각으로 가볍게 들이마셔야 한다는 겁니다.

마지막 6번 호흡을 '찰나에 순간적으로 호흡한다' 하여 '찰나 호흡'이라고 부르기로 했는데요. 복식호흡을 연습할 때 코로만 연습하면 정작 스피치를 해야 할 때는 자연스럽게 입과 코로 호흡하기 어려우니 반드시 찰나 호흡을 완벽하게 숙달하는 것을 목표로 연습해야 합니다. 찰나 호흡은 천천히 코로만 호흡하는 1~5번 과정을 약 2주에 걸쳐 훈련하며 복식호흡을 몸에 익숙하게 만든 후에 시도해야 수월하게 할 수 있습니다. 처음부터 빨리 복식호흡을 익히고 싶다고 찰나 호흡만 연습하면 복식호흡이 익숙하지 않기 때문에 흉식호흡이 되어버리기 쉬워요. 시간을 갖고 하루에 5분씩만 연습한 후 도전해주세요.

## 좋은 목소리로 말하기

복식호흡으로 말의 체력을 길렀다면 이번에는 올바르게 발성하는 방법을 배워보도록 해요.

성악가가 노래하는 모습을 본 적이 있나요? 얼굴을 잘 관찰해보면 노래할 때 눈도 크게 뜨고 입을 굉장히 크게 벌리죠. 그리고 시종일관 웃는 표정이어서 언뜻 보면 웃으면서 노래하는 것처럼 보일 겁니다.

우선 좋은 목소리를 내기 위해서 이렇게 성악가들처럼 입을 크게 벌려야 합니다. 주의할 점은 그냥 악어처럼 크게 '아' 하며 벌리는 게 아니라 하품을 하듯 입안 전체를 넓히면서 벌려야 한다는 점입니다. 하품을 하면 턱이 내려가면서 목구멍까지 시원하게 넓어지는 느낌이 들죠? 잘 모르겠다면 지금 하품을 해보세요.

'하~~~'

하품을 턱이 아플 정도로 너무 강하게 할 필요는 없어요. 하품하면서 입안이 넓어지는 느낌을 알았다면 성공!

이제 말을 할 차례입니다. 하품하듯이 '하~'하는 입 모양으로 말을 해봅니다. 발음이 잘되나요? 정확한 발음을 하려면 혀, 입술, 턱이 움직여야 하는데 하품하는 입 모양을 유지하려니 여간 불편한 게 아니죠? 맞아요. 입안을 넓히는 것이 좋은 목소리를 내기 위해 중요한 방법이지만 또박또박 분명하게 발음하기에는 무리가 있습니다.

그럼 하품할 때처럼 입안도 넓히면서 발음도 하기 쉬운 방법이 있어야 할 텐데요. 비법은 '웃는 표정'으로 말하는 것입니다. 의외의 답이라서 이상한가요? 앞서 성악가들이 웃는 표정으로 노래한다고 했는데요. 웃는 표정 즉, 미소를 띤 표정(입을 벌린 상태에서 미소)으로 노래를 하는 이유는 웃으면 '광대'가 올라가면서 입안이 넓어지기 때문이에요.

전통 혼례에서는 신부가 볼에 연지를 찍죠? 그 부분이 바로 '광대'인데요. 웃을 때 광대가 위로 올라가면서 자연스레 하품할 때처럼 입안이 넓어져 좋은 목소리가 나온답니다. 성악가들이 노래하는 표정을 보면 광대를 많이 올리다 못해 놀란 것처럼 눈이 동그랗게 커지기까지 합니다. 이런 이유로 놀란 토끼처럼 표정이 조금 이상해 보였던 거예요. 이렇듯 웃는 표정으로 말하면 아나운서처럼 풍성한 목소리도 나오고 표정도 예뻐 보이니 바른 자세와 함께 밝은 표정을 꼭 기억해주세요.

'의리'를 발음할 때 '으리' 와 '의리' 중 어떤 소리가 올바른 것일까요? 정답은 '의리'입니다. '으리'가 한 케이블 TV의 코미디 프로그램에서 유행어가 되면서 '의리'를 '으리'로 읽는 친구들이 많은데 '의리'라고 읽어야 올바른 발음입니다. 정확한 발음으로 말을 해야 하고 싶은 말을 상대방에게 온전히 전달할 수 있습니다. 이를 위해서는 무엇보다 적절한 입 모양과 혀의 위치를 알고 그에 맞게 발음을 해야 해요. 그럼 함께 연습해보도록 합시다.

# 발성표로 올바른 발음 익히기

**1단계. 기본기 다지기**

① 먼저 가로 방향으로 읽어주세요. 가, 갸, 거 순으로요. 모음만 바뀌니 모음 발음 연습을 하기에 매우 좋습니다. 모음의 차이를 느끼면서 최대한 또박또박 읽어주세요.

② 세로 방향으로 읽어주세요. 이번에는 자음 연습입니다. 자음 역시 입술과 혀의 움직임을 분별하며 읽어주세요.

## 발음표 1

가 갸 거 겨 고 교 구 규 그 기
나 냐 너 녀 노 뇨 누 뉴 느 니
다 댜 더 뎌 도 됴 두 듀 드 디
라 랴 러 려 로 료 루 류 르 리
마 먀 머 며 모 묘 무 뮤 므 미
바 뱌 버 벼 보 뵤 부 뷰 브 비
사 샤 서 셔 소 쇼 수 슈 스 시
아 야 어 여 오 요 우 유 으 이
자 쟈 저 져 조 죠 주 쥬 즈 지
차 챠 처 쳐 초 쵸 추 츄 츠 치
카 캬 커 켜 코 쿄 쿠 큐 크 키
타 탸 터 텨 토 툐 투 튜 트 티
파 퍄 퍼 펴 포 표 푸 퓨 프 피
하 햐 허 혀 호 효 후 휴 흐 히

다른 모음에 비해 'ㅓ(ㅕ)', 'ㅗ(ㅛ)', 'ㅜ(ㅠ)'는 턱을 아래로 또는 입을 앞으로 쭉 내미는 조금은 수고스러운 발음이에요. 복화술을 하듯이 입을 거의 움직이지 않거나 우물우물 말하는 친구들은 이 모음들을 발음할 때 입 모양을 제대로 만들지 않고 대충 발음을 했기 때문이에요. 각 모음에 맞는 입 모양을 정확하게 만들면 소리가 더 또렷해집니다. 귀찮더라도 입술 움직임이 큰 모음들은 꼭 신경 써서 발음해주세요.

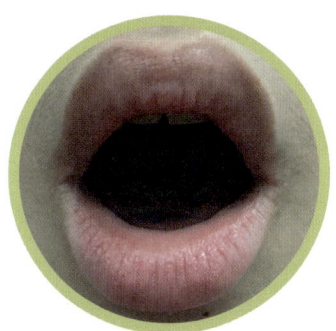

**[어]**

아래턱을 약간 내리며 입술을 둥근 형태로 만든다.

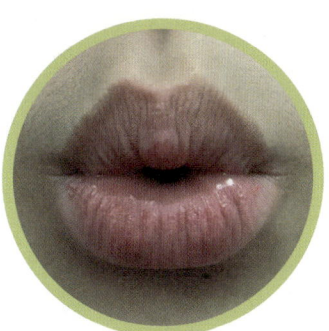

**[오]**

입술을 동그랗게 오므린다.

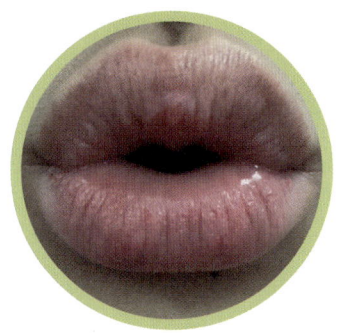

## [우]
입술을 앞으로 모아서 내밀어 준다.

**2단계. 레벨업 다지기**

　다음은 소리를 내는 과정에서 입술 모양이나 혀의 위치가 처음과 달라지는 '이중모음'을 모아봤어요('ㅚ'와 'ㅟ'는 표준발음법 4항에 따라 단모음으로 규정하나 이중모음으로 발음할 수 있습니다). 평상시에 잘 쓰지 않았던 발음이 많아 발음하기가 조금 어렵습니다. 이중모음은 소리를 낼 때와 끝날 때의 입 모양과 혀 위치가 다르므로 주의를 기울여 분명하게 발음해주세요.

　다음 사진을 보며 같이 큰 소리로 읽어볼게요.

와 =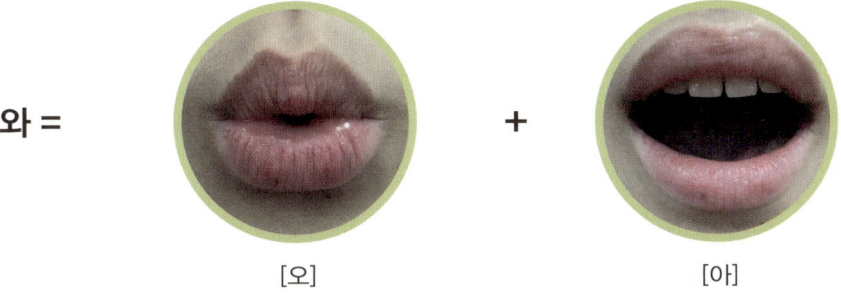

[오]　　[아]

'와'는 '오'에서 시작해서 '아' 소리로 끝나는 이중모음입니다.

먼저 '오~~아~~' 하며 각각의 소리를 내주세요. 그러다 점점 빠르게 소리를 냅니다. 그러면 어느새 '와' 소리가 만들어져요. '워', '의'도 이와 같은 방법으로 읽으면서 입술 모양의 변화를 느껴보세요. 소리가 훨씬 선명해질 거예요.

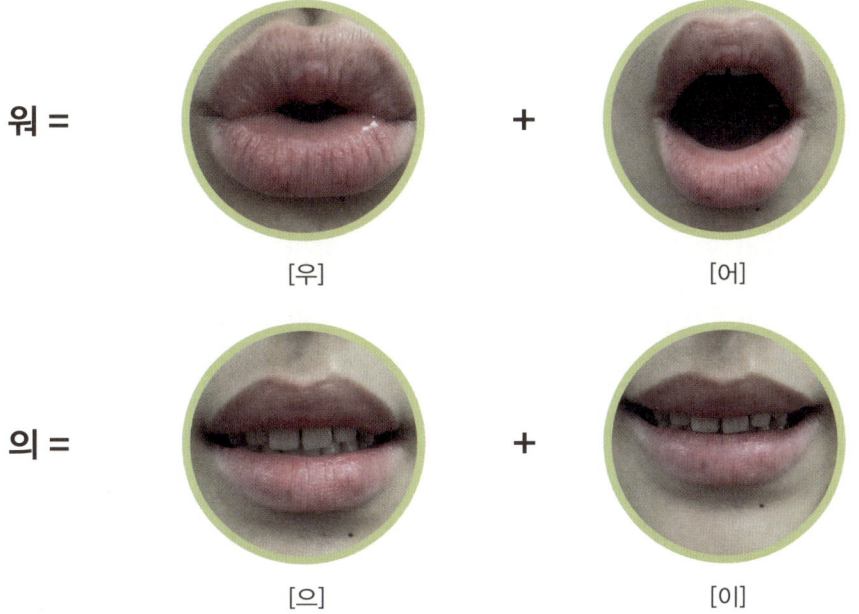

워 =　[우]　+　[어]

의 =　[으]　+　[이]

## 발음표 2

개 계 과 괘 괴 교 궈 궤 귀 긔
내 녜 놔 놰 뇌 뇨 눠 눼 뉘 늬
대 뎨 돠 돼 되 됴 둬 뒈 뒤 듸
래 례 롸 뢔 뢰 료 뤄 뤠 뤼 릐
매 몌 뫄 뫠 뫼 묘 뭐 뭬 뮈 믜
배 볘 봐 봬 뵈 뵤 붜 붸 뷔 븨
새 셰 솨 쇄 쇠 쇼 숴 쉐 쉬 싀
애 예 와 왜 외 요 워 웨 위 의
재 졔 좌 좨 죄 죠 줘 줴 쥐 즤
채 쳬 촤 쵀 최 쵸 춰 췌 취 츼
캐 켸 콰 쾌 쾨 쿄 쿼 퀘 퀴 킈
태 톄 톼 퇘 퇴 툐 퉈 퉤 튀 틔
패 폐 퐈 퐤 푀 표 풔 풰 퓌 픠
해 혜 화 홰 회 효 훠 훼 휘 희

### 어려운 낱말로 발음 연습하기

이번에는 어려운 단어로 받침까지 완벽히 정복해볼까요? 받침이 있기 때문에 정확하게 발음하지 않으면 무슨 말인지 분명하지도 않고 혀가 꼬이기 쉬워요. 특히 받침이 연이어 있는 낱말은 발음하기 여간 까다롭지 않습니다. 받침과 이중모음에 주의해서 처음은 천천히 또박또박 읽고 익숙해진 후부터는 자연스러운 빠르기로 읽어보세요.

척추측만증
[척추층만증]

접근금지
[접끈금지]

귀리잡곡밥
[귀리잡꼭빱]

공간감각
[공간감각]

통팥두텁떡
[통판두텁떡]

해콩단콩죽
[해콩단콩죽]

| 법학박사 [버팍박사] | 소보로통팥빵 [소보로통ː팥빵] |
| --- | --- |
| 디지털영화관 [디지털영화관] | 닭젓국전골 [닥젇꾹전ː골] |
| 강력접착제 [강녁접착쩨] | 경품당첨자 [경ː품당첨자] |
| 한국생산성본부 [한ː국생산썽본부] | 천연 유기농 [처년 유기농] |

'공간감각'을 [공강강각]으로 읽지는 않았나요? ㄴ, ㅁ 받침을 제대로 발음하지 않고 급하게 말하다 보면 발음이 부정확하게 들립니다. 너무 빨리 말을 하면 앞뒤 글자가 서로 엉켜 불분명한 소리가 날 수밖에 없어

요. 받침을 정확하게 발음하는 습관을 평상시에 갖도록 언제나 여유를 갖고 말하는 것이 중요합니다.

## '절대발음' 릴레이 게임

문장으로 발음연습을 해보겠습니다. 이번 발음연습은 친구들과 게임을 하며 재미있게 할 수 있는 아주 신나는 게임이에요. '절대발음' 게임인데요. '절대음감' 게임처럼 앞의 친구가 틀리지 않고 읽어야 다음 친구에게 기회가 주어지니 빨리 읽다가 틀리지 않도록 유의하세요. 빨리 마치려고 서두르기보다는 발음을 정확하게 해서 틀리지 않는 것이 오히려 게임에서 이길 수 있는 비결이에요. 그럼 양 팀 모두 파이팅!

**GAME RULE**

① 같은 인원을 두 팀으로 나눈 후 일렬로 선다.
② 한 사람씩 문장을 큰 소리로 읽는다. 앞사람이 틀리지 않고 읽으면 다음 순서의 사람이 같은 문장을 읽는다.
③ 읽다가 틀리면 처음부터 다시 읽는다.
④ 문장읽기를 먼저 끝마친 팀이 승리!

*천천히 정확한 발음으로 읽습니다.

*큰 목소리로 또박또박 읽습니다.

*발음이 어려운 부분은 반복해서 읽습니다.

1. 내가 그린 그림은 뭉게구름 그린 그림이고,
   네가 그린 그림은 새털구름 그린 그림이다.

2. 귀돌이네 담 밑에서 귀뚜라미가 귀뚤귀뚤 귀뚤뚤뚤
   똘똘이네 담 밑에서 귀뚜라미가 귀똘귀똘 귀똘똘똘

3. 정형돈과 정준하는 무한도전에서 무모한 도전을
   재미있어 합니다.

4. 박명수가 좋아하는 음식은 돌솥전주비빔밥일까?
   참치김치모듬김밥일까?

5. 철민 책장 철책장을 흰 철책장으로 바꾸려다
   헌 쇠책장으로 바꾸었다.

**꿀팁!**

## 조음기관 풀어주기

입술, 혀, 얼굴 근육, 턱처럼 말소리를 만드는 신체기관을 '조음기관'이라고 합니다. 발음이 정확하지 않은 이유는 이 조음기관을 제대로 움직이지 않았기 때문이에요. 입술을 명확하게 움직이지 않고 웅얼거린다거나 턱을 움직이지 않는 등 조음기관이 경직되어 있으면 명료한 목소리가 나오기 어렵습니다. 스피치 하기 전에 다음의 운동으로 조음기관을 충분히 풀어주세요.

### 1. 입술풀기 운동

입술의 힘을 빼고 두 입술을 살며시 떼면서 공기를 가볍게 내보냅니다. 이때 가벼운 떨림으로 푸~~~ 하며 소리가 납니다. 입술에 힘이 있으면 입술이 떨리지 않으니 최대한 힘을 빼주세요.

### 2. 혀와 턱 운동

혀로 입안을 시계방향으로 훑습니다. 다음에는 시계 반대 방향으로 훑습니다. 혀뿌리가 뻐근해지는 게 느껴지나요? 경직된 혀를 이완시키면서 턱 운동까지 할 수 있는 일거양득의 운동입니다. 단 몇 초만이라도 스피치 전에 꼭 해주세요.

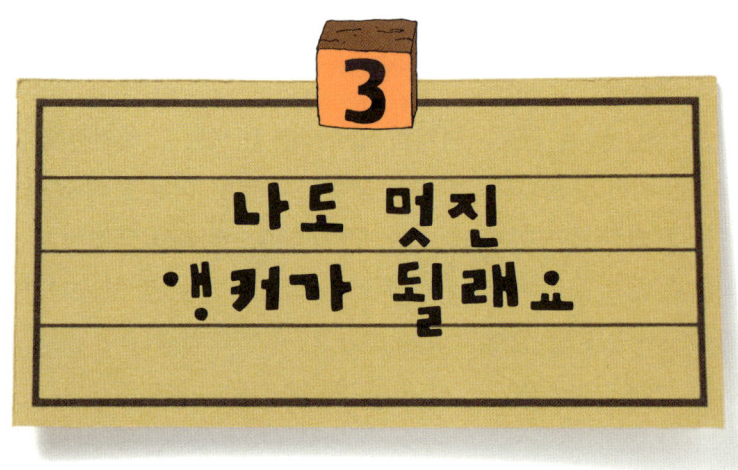

# 나도 멋진 앵커가 될래요

지난 시간까지 전달력을 높이기 위해 올바른 발성과 정확한 발음을 익혔습니다. 오늘은 그동안 배운 발성과 발음을 멋지게 뽐내는 시간으로 뉴스를 진행할 거예요. TV에서 뉴스를 진행하는 사람을 '앵커'라고 부르는데요. 앵커는 주로 아나운서, 기자, PD가 맡습니다. 전국, 나아가 세계 곳곳에 방송되는 만큼 명확하고 큰 소리로 뉴스를 전달한다는 것이 중요해요. 그럼 TV에 나오는 멋진 앵커로 변신~~~!

# 발음연습

### 1. 혀운동

갈날달랄말발살알잘찰칼탈팔할
걀냘댤럌먈뱔샬얄쟐챨캴탤퍌햘

### 2. 입술운동

마 먀 머 며 모 묘 무 뮤 므 미
바 뱌 버 벼 보 뵤 부 뷰 브 비

### 3. 턱운동

카 캬 커 켜 코 쿄 쿠 큐 크 키
싹 샥 썩 셕 쏙 속 쑥 슉 쓱 식

# 뉴스 진행하기

뉴스를 진행하기에 앞서 준비해야 할 사항들을 살펴보겠습니다.

**1. 눈으로 천천히 내용을 파악합니다.** 뉴스가 어떤 내용인지 이해하는 것이 앵커가 가장 먼저 해야 할 일이에요.

**2. 모르는 어휘는 사전을 이용해 정확한 뜻을 파악합니다.** 뉴스는 세상의 모든 이야기를 다루는 만큼 다양한 단어가 나옵니다. 모르는 단어는 그때그때 공부해 두세요.

**3. 큰 소리로 읽습니다.** 뉴스를 완벽히 이해했으면 이제는 정확하게 전달하는 일만 남았습니다. 큰 소리로 5번 정도 연습하면서 입에 익숙지 않은 단어 혹은 문장을 자연스럽게 말할 수 있도록 해주세요.

**4. 대본에 '/'로 끊어 읽기를 표시해 둡니다.** 숨을 고르거나, 명확한 의미 전달을 위해 중요한 단어 앞에서 끊어 읽기가 반드시 필요해요. 미리 대본에 표시해 두세요.

**5. 첫인사와 끝인사는 정면을 바라보고 말할 수 있도록 외워주세요.** 뉴스의 시작과 끝을 알리는 시그널 음악이 나올 때 정면을 바라보며 확신에 찬 당당한 눈빛으로 카메라를 응시하세요.

**1단계. 뉴스 이해하기**

여러분 안녕하십니까?
YBS 뉴스 ○○○ 입니다.
국내에서 어린이용으로 허가받은 황사 마스크는
전혀 없는 것으로 나타났습니다.
식품안전처는 어린이용 황사마스크를 표방한다면
불법 제품인 만큼 사지 말아야 한다며
어린이용 황사 마스크 주의보를 내렸습니다.
지금까지 허가된 황사 마스크는 14개사 32개
품목이며 이 가운데 허가받은 제품은
없다고 밝혔습니다.
이상으로 뉴스를 마치겠습니다.
시청해주신 여러분 고맙습니다.

**2단계. 어휘 익히기**

뜻을 모르는 단어를 찾아 빈칸에 뜻을 써보세요.

> 허가, 황사, 표방, 불법, 주의보, 품목

허가: 행동이나 일을 하도록 허락함.

황사:

표방:

불법: _____

주의보: _____

품목: _____


### 3단계. 문장 만들기

앞의 단어를 활용하여 문장을 만들어보세요.

① 허가 - 직원의 허가가 있어야 촬영을 할 수 있다.

② _____

③ _____

④ _____

⑤ _____

⑥ _____


### 4단계. 뉴스 진행하기

어려운 단어와 내용을 파악했으면 다음 대본처럼 '/'로 끊어 읽기 표시를 합니다. 숨을 들여 마시고 싶은 곳, 의미상 끊어 읽어야 할 곳 또는 중요한 단어 앞에서 끊어 읽습니다. 숨도 안 쉬고 빠르게 읽으면 듣는 사람은 뉴스를 이해하기 어려워요. 문장 중간마다 끊어 읽으면 상대방이 이해하기 쉬울 뿐만 아니라 다음 단어가 강조돼서 귀에 쏙쏙 들리게 됩니다. 그럼 큰 소리로 읽어 볼게요.

여러분 안녕하십니까? /

YBS 뉴스 ○○○ 입니다. /

국내에서 어린이용으로 허가받은 황사 마스크는 /

전혀 / 없는 것으로 나타났습니다. /

식품안전처는 어린이용 황사마스크를 표방한다면 /

불법 제품인 만큼 사지 말아야 한다며 /

[불법]

어린이용 황사 마스크 / 주의보를 내렸습니다. /

지금까지 허가된 황사 마스크는 / 14개사 32개

품목이며 / 이 가운데 허가받은 제품은 /

없다고 밝혔습니다. /

이상으로 뉴스를 마치겠습니다. /

시청해주신 여러분 고맙습니다.

\* KBS 단신뉴스 2014. 4. 12.

# 뉴스 기사에서 육하원칙 찾기

누가:

언제:

어디서:

무엇을:

어떻게:

왜:

    앞에서 찾은 육하원칙으로 뉴스의 내용을 1~2문장으로 요약해보세요.

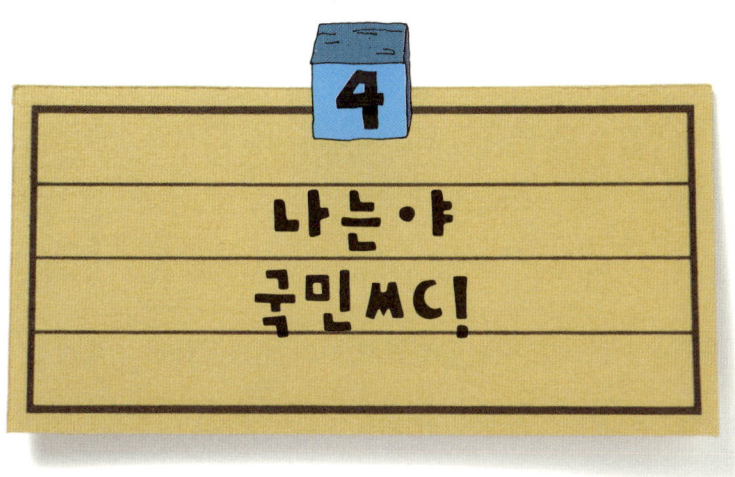

# 4 나는야 국민MC!

## MC는 무엇을 하는 사람일까요?

MC는 'Master of Ceremonies'의 약자로 음악회 등 각종 행사와 TV 프로그램의 진행자를 말합니다. 프로그램의 시작과 끝을 책임지며 프로그램을 매끄럽게 이끌어가는 사람이에요. 방송만이 아닌 학교에서 하는 운동회, 학예회 등 각종 행사의 사회를 보는 사람도 MC라 할 수 있기 때문에 우리도 언제든지 MC가 될 수 있습니다. 자 그럼 MC가 되기 위한 본격적인 준비를 해볼까요?

## 예능 MC 되어보기

훌륭한 MC가 되기 위해선 다음과 같은 사항을 기억해 두세요.

**1. 밝고 큰 목소리로 청중의 분위기를 활기차게 하며 시작합니다.** 무거운 내용의 프로그램이나 행사가 아니라면 사람들이 기대감을 가질 수 있도록 즐거운 분위기를 돋워야 해요.

**2. 풍부한 표현력으로 적극적으로 진행합니다.** 목소리의 변화는 물론 표정, 아이컨택, 손짓 등 적절한 제스처로 말의 전달력을 높여주세요. 다음 장에서 더 자세히 배워 볼게요.

**3. 친구에게 말하듯이 자연스러우면서도 리듬감을 넣어 생동감이 전해지도록 합니다.** 뉴스처럼 딱딱하게 진행하기보다는 프로그램이나 행사의 성격에 맞게 목소리의 톤, 억양에 변화를 주며 리듬감이 느껴지도록 표현해주세요.

멋진 사회를 보기 위해 체크해야 할 사항들이었습니다. 이 사항들을 모두 지켜 매끄럽게 진행하면 좋지만 가장 중요한 것은 자신감이에요. 자신감이 있어야 밝고 큰 목소리가 나오고 적극적으로 진행할 수 있습니다. 자신감은 모든 스피치의 시작이라는 사실, 수백 번 강조해도 모자라지 않습니다. 그럼 신나게 음악프로그램을 진행해볼까요? Go go ~

## '쇼! 음악교실' 진행하기

다 같이: 안녕하세요!

　　○○: 쇼! 음악교실 MC ○○

　　◇◇: ◇◇

　　□□: 스페셜 MC □□입니다.

　　○○: □□는 MC 첫 데뷔라고 들었는데요. 스페셜 MC를 맡게 된 소감이 어떠신가요?

　　□□: 그동안 챙겨보던 쇼! 음악교실 현장에 직접 와서 노래를 들으니 너무나 설레고 기쁩니다. 저와 함께하는 음악교실 채널 고정해주세요.

　　◇◇: 네~ 상큼 발랄 □□씨와 함께하는 쇼 음악교실! 오늘도 기대해주시기 바랍니다.

　　□□: 자 그럼 오늘 영광의 1위 후보 세 팀이 누구인지 알아볼까요?

다 같이: 누구~~~

　　○○: 이상 5월 첫째 주 1위 후보였습니다. 1위를 결정하는 방법은요, 유료문자메시지 #1234로 한 팀의 이름만 적어서 보내주시면 됩니다.

다 같이: 자~ 모두들 준비 되셨나요~

　　□□: 지금부터 생방송 문자 투표 시작합니다.

　　◇◇: 5월 첫째 주 영광의 1위는 누가 될지 끝까지 한번 지켜봐 주세요.

　　○○: 쇼! 음악교실 본격적으로 달려볼까요?

　　□□: ( 가수:　　　　　　　)의 무대입니다.
　　　　( 노래:　　　　　　　)

## 기상캐스터는 누구일까요?

여러분은 외출하기 전 일기예보를 챙겨보나요? 갑자기 비가 올 경우를 대비해서 우산을 챙기려면 날씨를 미리 확인해봐야 합니다. 봄철이면 황사와 미세먼지 때문에 마스크도 챙겨야 하고요. 이렇듯 일기예보는 일상생활과 밀접한 연관이 있는 중요한 정보입니다. 흔히 신문, 인터넷, 방송을 통해 날씨를 전해 듣는데 그 중 방송국에서 시청자들에게 일기예보를 전하는 사람을 '기상캐스터'라고 합니다. 오늘은 기상캐스터가 되어 정확한 발음으로 날씨를 전해보도록 해요.

# 기상캐스터 되어보기

날씨예보를 하기 위해 준비해야 할 사항들이 있어요. 살펴보겠습니다.

**1. 눈으로 천천히 내용을 파악합니다.** 즉 오늘 날씨가 어떤지, 강조해야 할 사항은 무엇인지 확인합니다. 특히 폭우, 폭설과 같은 안전과 관련된 정보는 반드시 챙깁니다.

**2. 모르는 단어, 줄임말 그리고 대략적인 지역 위치를 파악해 둡니다.** 기상정보 방송은 짧은 시간 내에 많은 곳의 날씨를 전해야 하기 때문에 영동지방, 경북지방 등 지방 이름을 줄임말로 전합니다. 이에 대한 이해가 사전에 있어야 하며 지도에서 손으로 가리킬 때를 대비해 대략적인 지역 위치를 알아둡니다.

**3. 기상캐스터는 조금 빠른 속도로 정확하게 발음해야 합니다.** 방송시간이 2분 내외로 매우 짧아서 전국의 날씨를 모두 전하기에는 조금 빠듯합니다. 그러므로 너무 느리게 말하는 것보다는 약간 빠른 속도로 신속하게 전하는 것이 좋습니다. 그리고 숫자, 지역 이름을 정확하게 발음해야 합니다. 기상정보는 기온, 바람의 세기, 강수량 등 숫자가 자주 등장합니다. 이 때문에 잘못 읽는 일이 없도록 주의가 필요합니다.

**4. 큰 소리로 소리 내어 읽습니다.** 내용을 완벽히 이해했으면 이제는

정확하게 전달하는 일만 남았습니다. 큰 소리로 5번 정도 소리 내어 연습하면서 입에 익숙지 않은 단위, 숫자를 자연스럽게 말할 수 있도록 해주세요.

5. 첫인사와 끝인사는 정면을 바라보고 말할 수 있도록 외워주세요. 시그널 음악이 나올 때 정면을 바라보며 카메라를 응시해주세요. 여유 있는 표정과 미소를 챙기는 것도 잊지 말고요.

# 기상정보방송 실습하기

### 1단계. 어휘 익히기

> 국지성, 호우, 대비, 호우특보, 예상 강우량
> 수도권, 차츰, 전망

**국지성:** 일부 지역의

**호우:** 큰비

**대비:**

**호우특보:**

**예상 강우량:**

**수도권:**

차츰: _____

전망: _____


### 2단계. 문장 만들기

앞의 단어를 활용하여 문장을 만들어보세요.

① 호우 – 장마철 호우로 물이 급작스레 불어났다.

② _____

③ _____

④ _____

⑤ _____


### 3단계. 줄임말 이해하기

충남: '충청남도'의 줄임말

경남: '경상남도'의 줄임말

경북: '경상북도'의 줄임말


*그 밖의 지명 익히기

영동 지방: 강원도의 대관령 동쪽에 있는 지역

영서 지방: 강원도의 대관령 서쪽에 있는 지역

**4단계. 날씨 전하기**

오늘 전국에 비 소식입니다.
특히 밤까지 충청과 남부지방 곳곳에서 국지성 호우가 예상됩니다.
피해 없도록 대비를 철저히 해 주셔야겠습니다.
지금 충남과 전라도 곳곳 경북 일부 지방에 호우특보가 내려진 가운데 매우 강한 비가 내리고 있는데요.

앞으로 예상 강우량을 보시면 전라도 지방 최고 150mm(밀리미터로 읽습니다.) 이상, 충남 남부와 경남, 지리산 부근에서도 120mm 이상 많은 비가 쏟아지겠습니다.

비는 늦은 오후에 수도권 지방부터 그치기 시작해서 늦은 밤에는 그 밖의 지방에서도 차츰 그칠 것으로 전망되고 있습니다.

날씨였습니다.

\* MBC 뉴스투데이, 2014. 8. 25.

제3장

# 맛있게 말하기

1. 스피치에 리듬감을 넣어주세요
2. 몸으로 말해보아요
3. 스피치가 살아나는 감정표현
4. 내레이터 되어보기
5. 쇼호스트 되어보기

주변을 보면 같은 이야기도 재미있게 말하는 친구들이 있습니다. 오래전 일을 방금 일어난 일처럼 흥미진진하게 설명하는 데 나도 모르게 순식간에 이야기에 빠져들었던 경험이 누구나 한번쯤은 있을 거예요. 이야기의 분위기가 고스란히 드러나는 표정, 상황에 따라 바뀌는 목소리, 때에 맞는 제스처는 언어로만 내용을 전달할 때보다 몇 배 이상의 극적인 효과를 가져다줍니다. 그래서 이 장에서는 스피치를 살아 숨 쉬는 것처럼 생생하게 표현하기 위한 '맛있게' 말하는 방법을 배워볼게요. 스피치에 맛과 색을 더하는 맛있게 말하기. 시작해 볼까요?

# 1. 스피치에 리듬감을 넣어주세요

새 학기가 되면 교장 선생님의 훈화 말씀을 듣습니다. 우리에게 유익한 말씀을 해주시지만 이상하게도 지루할 때가 많아요. 집중을 하려 해도 자꾸만 딴생각이 들고 졸음이 옵니다. 왜 그럴까요? 바로 단조로운 어조 때문이에요. 변화 없이 똑같은 속도, 똑같은 목소리 크기와 톤으로 말씀하시기 때문에 자장가처럼 들릴 수밖에 없는 거죠.

사람들 귀에 쏙쏙 들리게 하려면 말에 변화를 줘야 합니다. 중요한 부분에서 잠깐 멈추거나 크게 말하거나 또는 갑자기 속도를 줄이는 등 다양한 방법으로 분위기에 변화 즉, 반전을 주어야 해요. 영화를 볼 때 이야기에 반전이 있으면 흥미진진해서 계속 보고 싶어지죠? 이렇듯 스피치에도 반전이 있으면 말에 리듬감이 실려 생동감 있게 표현된답니다.

그리고 무엇이 중요한지 두드러져서 정확한 뜻을 전달하는 데도 효과적입니다. 따라서 친구들은 더욱 집중해서 내 이야기를 듣게 되지요. 그럼 리듬을 넣어 귀에 쏙쏙 들리는 스피치를 만들어 보겠습니다.

## 스피치에 리듬감 넣기

스피치를 흥미롭게 전달하기 위해서는 다음과 같은 기법을 활용하면 좋습니다. 다음 예문을 통해 붉은색 글씨인 강조할 단어에 리듬감을 넣어주세요.

1. 큰 소리로 말합니다.

큰 소리로 힘 있게 표현하면 청중은 크게 말한 부분을 기억하게 돼 핵심단어로 인식합니다. 그렇다고 소리를 지르듯이 너무 크게 말하지는 마세요. 자연스러운 변화가 제일 중요합니다.

"오늘 낮 기온은 3도가량 높겠습니다."

2. 작은 소리로 말합니다.

작게 말하면 사람들이 못 들을 것 같나요? 의외로 작은 목소리에 청중은 숨을 죽이고 집중한답니다. 큰 소리 못지않은 효과를 줄 수 있어요.

"저는 오늘 참석하신 분에게만 특급비밀을 알려드리겠습니다."

3. 천천히 느리게 말합니다.

마치 도장을 찍듯이 느리게 말합니다. 갑자기 말하는 속도가 느려지면 사람들의 귀가 쫑긋 세워질 거예요.

"스피치에서 가장 중요한 것은 바로 자신감입니다."

4. 핵심단어 앞에서 1초간 멈췄다가 말합니다.

중요한 부분 앞에서 멈추면 순간적으로 호기심을 자아내 극적인 효과를 낼 수 있습니다.

"오늘의 우승팀은 // 청팀입니다."

5. 모음을 길게 늘여 말합니다.

강조하고 싶은 단어의 첫 음절을 길게 늘여 말하는 것도 스피치에 리듬을 만들어 더욱 맛깔스럽게 느껴집니다.

"초코케이크가 세상에서 제~~일 맛있습니다."

간단한 예문으로 연습해 봤습니다. 처음 하다 보니 생각보다 어색하죠? 중요한 부분을 친구들에게 꼭 전하고 싶다는 마음으로 감정이입을 하면 훨씬 자연스럽게 나올 거예요.

그리고 혼자서 연습하는 것보다는 부모님 혹은 친구와 함께 연습해 보세요. 스스로 생각하기에 충분히 표현한 것 같지만 실제로 들어보면 리듬감이 잘 살아나지 않을 수도 있기 때문에 다른 사람들로부터 객관적인 평가를 듣는 것이 필요합니다.

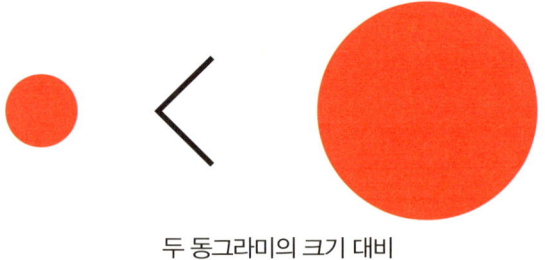

두 동그라미의 크기 대비

두 개의 동그라미가 있습니다. 두 동그라미 중에서 어느 쪽이 클까요?

너무 쉬운 질문이라고 속으로 의아해할 수 있겠지만 오늘의 주제와 관련해서 매우 중요한 질문입니다. 한눈에 봐도 오른쪽이 확연히 크다는 걸 알 수 있습니다. 그 이유는 두 동그라미의 크기가 확실히 다르기 때문이에요. 두 동그라미의 크기 차이가 얼마 나지 않았다면 단번에 알기는 어렵습니다. 스피치도 이와 같습니다. 강조하려는 단어 혹은 어절에 리듬감을 확실하게 불어넣어줘야 듣는 사람들이 알아차릴 수 있습니다.

다시 말해, 연습 시 기억해야 할 점은 변화 즉, 대비가 분명하게 드러나야 한다는 점이에요. 약간의 변화만으로는 청중에게 효과적으로 전달되지 않을 수 있으니 확실한 변화를 주어 스피치의 리듬감이 선명하게 느껴질 수 있도록 표현해주세요.

> **꿀팁!**

## 리듬감 효과를 3배 이상 팡팡 올리기

앞서 스피치에 리듬감을 넣는 다양한 방법을 배웠습니다. 그리고 리듬감은 대비가 확연하게 드러날 때 더욱 빛을 발한다고 했는데요. 귀에 쏙 들리도록 리듬감 효과를 배가시키는 팁이 있습니다. 두세 개의 리듬 기법을 동시에 사용하는 겁니다.

"저는 오늘 참석하신 분에게만 특급비밀을 알려드리겠습니다."

예를 들어 강조하는 단어인 '특급비밀' 앞에서 잠깐 멈추며 주의를 환기시킨 후 '특급비밀'을 말할 때는 목소리는 크게, 속도는 느리게 말하는 것입니다. 하나의 기법을 적용하는 것보다 잠깐 멈추기, 목소리의 변화 그리고 속도의 변화 이 세 가지를 한꺼번에 시도할 때 단어의 대비가 확실하게 느껴지겠죠? 뉴스를 볼 때 앵커의 멘트를 유심히 들어보세요. 대부분 두 가지 이상의 기법을 적용합니다. 조금 빠른 듯하지만 뉴스가 잘 들렸던 이유가 바로 여기에 있었습니다. 여러분도 꼭 활용해보세요.

## 리듬감 연습해보기

다음의 대본은 남아프리카공화국 최초의 흑인 대통령이었던 넬슨 만델라의 연설문 일부입니다. 1994년 5월 10일, 대통령에 당선된 후에 했던 취임 연설의 끝 부분인데요. 전 세계인들에게 감동을 준 연설문인 만큼 핵심단어에 리듬감을 넣어 멋지게 연설해보세요. ('//'는 핵심단어 앞에서 잠깐 멈추라는 표기입니다.)

모두를 위한 // 정의가 있게 하소서.
모두를 위한 // 평화가 있게 하소서.
모두를 위한 // 일, 빵, 물 그리고 // 소금이 있게 하소서.
각 사람이 자아실현을 위해 물과 정신과 영혼이 이미 // 자유로워졌다는 것을 알게 하소서.
이 아름다운 나라가 다시는, // 두 번 다시는 타인에 의해
압제를 당하거나 이 세계의 못난이가 되어서 //
경멸을 당하는 일이 없을 것입니다.
자유가 지배하게 하소서.
태양은 이 영광스러운 인간의 성취 위에서 결코 //
지지 않으리!
하나님이여, 아프리카를 축복하소서!
감사합니다.

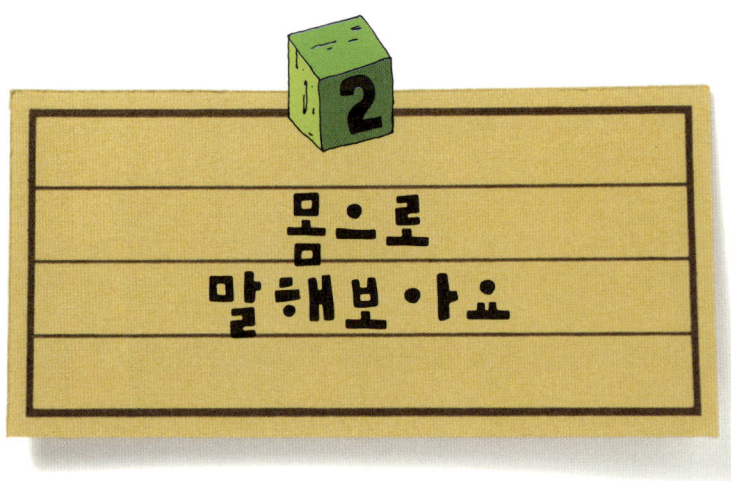

## 2 몸으로 말해보아요

몸으로 말한다는 의미는 무엇일까요? 스피치는 음성으로만 전달하는 것으로 생각할 수 있지만 스피치할 때의 표정, 손짓, 시선으로도 표현됩니다. 이러한 비언어적인 표현은 의미를 더 정확하게 전달할 뿐 아니라 풍부한 표현을 가능하게 합니다. 목석처럼 가만히 서서 말하기보다 다양한 표정이나 손짓, 몸짓을 사용하면 사람들이 지루해하지 않아 오랫동안 이목을 집중시킬 수도 있습니다. 오바마 대통령은 스피치의 달인이라고 불릴 정도로 연설을 매우 잘하기로 유명합니다. 연설할 때 내용 못지않게 사람들에게 보이는 모습 즉, 비언어적 표현을 효과적으로 활용해 청중들과 소통하기 때문이에요. 이처럼 외형적인 모습을 통해 우리가 말하고자 하는 내용을 더 정확하게 전달하고, 우리의 진심과 열정이 표출되기 때문에 몸짓언어는 매우 중요합니다.

## 오바마 대통령 연설 장면 분석하기

실제 오바마 대통령의 연설 모습을 보면 여유 있는 미소로 자연스럽게 스피치를 합니다. 중요한 부분에서는 확신에 찬 눈빛과 표정, 손짓으로 전달력을 더욱 높여주죠. 오바마 대통령의 연설 장면을 살피면서 학습하도록 해요.

집게손가락을 하늘을 향해 가리키며 강조하고 있다는 것을 표현합니다.

청중이 많을 때는 손을 높이 들어 올려 과감하게 인사합니다. 소극적인 인사보다 훨씬 자신 있어 보입니다.

두 손가락으로 핵심적인 내용을 짚을 때 사용하는 제스처입니다.

양손을 이용한 제스처입니다. 편안하게 설명할 때 자주 쓰는 편입니다.

강한 확신 또는 희망적인 메시지를 전할 때 엄지손가락을 추켜올립니다.

## 몸짓언어 배우기

**1단계. 손동작**

몸짓언어에서 가장 활발히 사용할 수 있는 신체는 바로 손입니다. 내용에 몰입하면 적극적으로 설명하기 위해 나도 모르게 손을 사용하기도 하는데 그때 스피치의 설득력은 몇 배로 높아집니다. 그럼 다음 상황에 맞는 손동작을 연습해볼까요?

① 방향을 지시할 때

"여러분! 왼쪽 창밖을 봐 주십시오."

이때는 팔 전체를 사용해서 바깥쪽으로 활짝 피며 왼쪽을 가리켜주세요.

방향 가리키기

② 수효를 셀 때

"스피치를 배우게 되면 첫째, 생각이 바뀌고 둘째, 행동이 바뀌고 셋째, 운명이 바뀝니다."

숫자가 나올 타이밍에 맞춰 어깨 높이 위로 손가락을 펴서 숫자를 만들어 청중을 향해 보여줍니다.

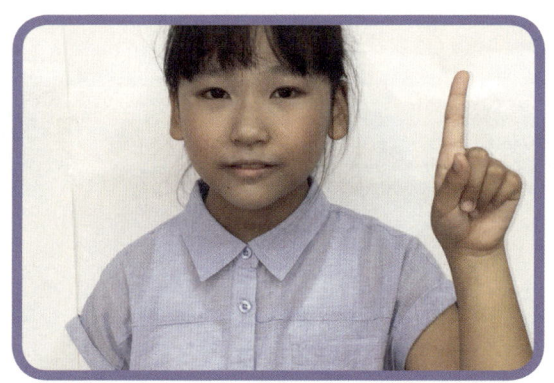

숫자 표현하기

③ 신념을 보여줄 때

"믿음, 소망, 사랑 이 세 가지는 항상 남아 있을 것이며
그 중 제일 큰 것은 사랑입니다."

신념을 보여주기 위해 강하게 말할 때는 자신감 있는 손동작을 보여주면 됩니다. 양손의 손바닥을 위로 향한 상태에서 팔을 청중을 향해 뻗거나 한 손으로 주먹을 쥐며 자신감을 표현할 수 있습니다.

신념의 표현 1

신념의 표현 2

이런 제스처 외에 스피치에 전달력을 높일 수 있다면 어떤 손동작이어도 상관없습니다. 단, 우리 정서상 맞지 않는 손동작은 조심히 써야 해

요. 손가락으로 상대방을 가리킨다든지 팔짱을 끼는 모습은 자칫 청중을 불쾌하게 만들 수 있기 때문이죠.

그 다음 상체 즉, 허리 윗부분에서 제스처를 보여주세요. 움직임은 크고 분명한 것이 좋습니다. 그래야 의미가 명확하게 전달될 수 있어요. 할 듯 말 듯한 제스처는 오히려 자신감이 부족해 보일 수 있으니 꼭 적극적으로 표현해주세요.

그리고 손동작 외에 몸을 앞으로 조금 숙이는 등 다양한 제스처가 있습니다. 언제나 기억해야 할 것은 내용과 어울리는 몸짓으로 자연스럽게 표현해야 한다는 점이에요. 아무리 좋은 제스처라도 내용과 어울리지 않는다면 결코 좋은 제스처라 할 수 없겠죠.

**2단계. 시선 (아이컨택)**

부모님은 우리의 눈빛과 표정만으로도 우리가 거짓말을 하고 있는지 알아채십니다. 거짓말을 하면 눈을 마주치기 어렵고 표정도 딱딱하게 굳어지기 때문이죠. 이렇듯 아이컨택과 표정은 말하는 사람의 마음을 보여주는 거울과 같습니다. 그래서 스피치 할 때는 진심으로 상대방에게 전하고자 하는 눈빛을 담도록 신경 써야 합니다.

① 청중을 바라보세요.

너무 떨려서 발표 자료만 보거나 바닥을 보면서 스피치하는 친구들이 많습니다. 시선을 청중을 향해 바라보지 않으면 자신감이 없어 보이고, 이리저리 천장과 바닥을 번갈아 바라보며 말하면 산만해 보여서 청중들의 집중도는 자연히 떨어질 수밖에 없어요. 항상 자신감 있는 눈빛을 청중을 향해 보여주세요.

② 시선을 좌우로 바라보며 골고루 나눠주세요.

특히 중요한 부분에서 시선을 다른 방향으로 바꿔주는 것도 좋아요. 정면만 바라보는 것보다는 모든 사람을 바라보는 듯한 느낌을 주기 위해 좌우도 살펴주세요. 그래야 소외되는 사람 없이 많은 사람과 아이컨택하며 마음을 나눌 수 있습니다.

보너스 팁! 중요한 부분에서 바라보는 방향을 바꿔주는 것도 전달력을 높이는 전략이 될 수 있어요. 정면을 바라보다가 분위기 전환을 위해 왼쪽 또는 오른쪽으로 시선을 움직이면 이야기의 흐름이 지금 바뀌었다는 무언의 사인이 될 수 있습니다. 이때는 상체도 같이 움직여 전달력을 배가시켜주세요.

### 3단계. 표정

① 스피치의 내용, 분위기에 따라 표정이 바뀌어야 합니다.

우리가 뭔가에 깜짝 놀라면 눈이 동그랗게 커지며 표정도 같이 변하죠? 스피치도 마찬가지입니다. 말하는 내용에 몰입하면 스피치의 흐름

확신에 찬 표정

에 따라 표정이 변하게 돼요. 감정이 이입되면서 표정도 함께 따라갑니다. 그저 무미건조하게 읽는 것처럼 아무런 감정 없이 말하면 청중은 그 내용에 공감하기 어렵습니다. 스피치 내용에 감정을 넣으며 최대한 집중하여 발표해주세요.

② 부드러운 미소를 머금은 밝은 표정으로 발표해주세요.

여유 있는 미소는 발표하기 전 청중들을 편안하게 느끼도록 해줄 뿐만

부드러운 미소, 환한 표정            긴장한 표정

아니라 자신감을 전달하는 아주 중요한 몸짓언어입니다. 스피치를 시작하기 전, 사람들은 말하는 사람의 표정으로 그 사람의 이미지를 결정하는데요. 이때 부드러운 미소와 환한 표정은 긍정적인 호감을 느끼게 합니다. 슬픈 소식이 아닌 일반적인 스피치에서는 전반적으로 이러한 밝은 분위기에서 스피치를 해주세요.

## 몸으로 말하기

다음은 오바마 대통령 연설문의 일부분입니다. 연설문 아래의 몸짓언어(손짓, 표정, 시선 등)를 적용해서 연습해보세요.

오늘 밤은 제게 특별한 영광의 밤입니다.
부드러운 미소와 함께    양 손바닥을 앞을 향해 보이며


사실대로 말씀드리자면 제가 이 자리에 서는 일은 거의 있을 수
한 손을 가슴에 살포시 대며


없는 일이기 때문입니다.
저의 아버지는 케냐의 작은 마을에서 태어나고 자란
분위기 전환을 위해 왼쪽으로 고개를 돌리며 (상체도 같이 움직여주세요)


외국 유학생이었습니다.
아버지는 염소를 치고, 양철지붕으로 된 판자촌 학교에 다녔습니다.
할아버지는 영국인 가정집에서 요리를 담당하는 하인이었습니
오른쪽 청중을 바라보며
다.


그런데 할아버지는 아들을 위해 큰 꿈을 품고 있었습니다.
정면을 바라보며 진지한 표정으로    한 손을 앞을 향해 뻗으며


어려움을 견디며 열심히 일한 아버지는 예전에 건너왔던 수많은 이들에게 자유와 기회의 등대가 된
고개를 왼쪽, 오른쪽으로 한 번씩 끄덕거리면서


마법의 땅 미국에서 공부할 수 있는 장학금을 받게 됐습니다.
양 손바닥을 앞을 향해 보이며

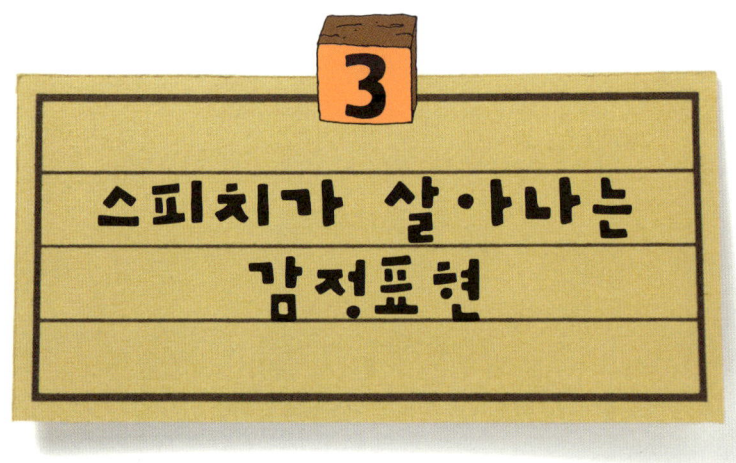

# 3 스피치가 살아나는 감정표현

스피치를 맛깔나게 표현하기 위해 리듬, 손짓, 표정에 변화를 주며 목소리의 전달력을 높였습니다. 다양한 기법과 노하우를 배웠으니 이제 스피치는 문제없다고 자신하는 친구도 있을 것 같은데요. 아직 가장 중요한 일이 남아있습니다. 스피치 속에 폭~ 빠지는 일입니다.

아무리 좋은 제스처와 리듬 기법을 알고 있더라도 스피치 내용 즉, 콘텐츠 흐름과 별개로 기계처럼 표현하면 소용이 없습니다. 콘텐츠와 어우러져 자연스럽게 표현되어야만 스피치가 비로소 청중의 마음까지 닿을 수 있습니다. 오바마 대통령도 이 점에 대해 잘 알고 있었어요. 그는 자신의 스피치 비결을 묻는 말에 이렇게 대답했습니다. "Be natural(자연스럽게 하세요)."

하지만 오바마 대통령처럼 자연스럽게 발표한다는 게 생각만큼 쉽지는 않아요. 평상시에 친구들과는 자연스럽게 대화하다가도 무대만 서면 로봇처럼 굳는 경우가 많습니다. 긴장 때문이기도 하고 쑥스러워서 모든 움직임을 최소화하는 것 같아요.

자연스럽게 스피치를 전달하려면 어떻게 해야 할까요? 해결책은 콘텐츠에 최대한 집중해서 나의 감정을 이입하는 거예요. 일부러 연출하는 것이 아니라 콘텐츠 흐름에 자신을 맡겨야 합니다. 앞서 말했던 스피치에 푹~ 빠지라는 의미가 이 뜻입니다.

감정이입을 하면 강조할 부분에 나도 모르게 눈이 커진다든지, 목소리가 커지는 등 내용에 맞게 목소리와 표정이 바뀝니다. 눈빛, 손짓, 억양 등 모든 것들이 조화를 이루며 콘텐츠와 하나가 될 때, 콘텐츠가 효과적으로 전달됩니다.

유명한 발레리나인 '강수진'씨가 공연할 때 표정을 보세요. 슬픈 멜로디에는 금방이라도 눈물을 흘릴 듯한 표정을 짓다가 절정의 클라이맥스에서는 혼신의 힘을 다한 표정을 짓습니다. 표정만으로도 감동을 전하기에 충분합니다. 스피치도 이와 마찬가지로 콘텐츠에 빠져들어 진심을 다해 청중에게 전하고자 할 때 감정이 저절로 이입돼요. 이야기에 빠져드는 연기자처럼 말이죠.

# 연극으로 감정이입해보기

솔로몬의 지혜로운 판결 이야기를 아세요? 한 아이를 두고 서로 자신의 아이라고 주장하는 두 여인의 사건을 지혜롭게 해결한 이야기예요. 맡은 배역이 처한 상황에 몰입해서 목소리와 표정을 연출하는 것이 관건입니다.

솔로몬의 재판

진짜 아이의 어머니 역할을 맡은 친구는 안타까운 감정이 고스란히 전달되도록 표현해주세요. 자신의 아이를 빼앗길 처지에 놓였기 때문에 간절한 마음이 클 거예요. 한편 거짓말을 한 여인은 뻔뻔하고 앙칼지게 자신의 아이라고 우깁니다.

이 사이에서 솔로몬 역할을 맡은 친구는 근엄하면서 때론 냉철한 판결을 내리는 왕의 모습을 보여줘야 합니다. 목소리는 조금 무겁고, 말도 천천히 하면 근엄한 왕의 모습이 충분히 표현될 수 있겠죠?

한 가지 더! 연극은 무엇보다 전달력이 중요하므로 말을 천천히 명료하게 해주세요. 대사가 들리지 않으면 무슨 이야기인지 알 수가 없어요. 그럼 최대한 감정을 넣어 이야기에 빠져볼까요?

## 대본을 보며 친구들과 연극하기

등장인물: 솔로몬 왕, 두 여인, 신하


지혜로운 솔로몬 왕이 이스라엘을 다스릴 때입니다. 어느 날, 두 여인이 한 아기를 데리고 솔로몬 왕을 찾아왔습니다.

솔로몬 왕 : 무슨 일인가?

여인1 : (화가 난 목소리로) 제 아기를 이 여자가 자신의 아들이라고 우기고 있어요.

여인2 : (억울한 목소리로 흐느끼며) 아니에요. 제가 잠시 자리를 비운 사이 저 여자가 우리 집에 몰래 들어와 제 아들을 훔쳐간 거예요.

여인1 : 뭐라고? 말도 안 돼! 내가 아기를 훔쳤다니 왕 앞에서 이렇게 뻔뻔하게 거짓말을 할 수 있지? 보세요. 이 아기는 저와 똑 닮았어요. 지혜로운 왕께서 올바른 판결을 해주세요.

솔로몬 왕: (난처해하며) 음~~ 이를 어쩐담. 누가 진짜 이 아이의 어머니란 말인가?

아기의 울음소리가 들리자 솔로몬은 때마침 좋은 아이디어가 떠오른다.

솔로몬 왕: (무릎을 탁 치며) 아하! 이렇게 하면 되지~ (진지한 목소리로) 나는 누가 진짜 이 아이의 어머니인지 가려낼 수 없다. 이 방법이 최선일 것 같으니 모두 판결에 따르거라.

솔로몬 왕: (큰 소리로 외치며) 여봐라. 칼을 가져오너라. 그리고 저 아이를 탁자에 눕히거라.

신하 : 네. 알겠습니다.

솔로몬 왕: (칼을 들고 아기에게 다가오며) 살아있는 이 아기를 반으로 잘라 반쪽을 각각 여인에게 주어라.

두 여인 : (깜짝 놀라며) 네?

솔로몬은 칼을 뽑아 아이를 향해 내려치려 한다.

여인2 : (다급한 목소리로) 왕이시여, 칼을 거두어 주십시오. 아기를 차라리 저 여인에게 주십시오. 죽이지만 말아 주십시오! 흐흑흑...
(고개를 숙이며 흐느낀다)

여인1 : 이제야 실토를 하는군. 이제 저 아이를 제게 주세요.

솔로몬 왕: (여인2에게 다가가 온화한 미소를 지으며) 울지 말거라. 그대가 이 아이의 진짜 어머니요. 아이를 데리고 가시오.

여인2 : (기쁨의 눈물을 흘리며) 정말요? 왕이여. 감사합니다. 정말 감사합니다.

여인1 : (황당하다는 듯한 목소리로) 왕이여. 어째서 저 여인이 아이의 어머니라는 겁니까?

솔로몬 왕: (엄하게 꾸짖으며) 이 못된 여인아! 어느 어머니가 자식을 해하면서까지 욕심을 내느냐? 어서 이 여인을 끌고 가 감옥에 가둬라!

## 내레이터는 무엇을 하는 사람일까요?

   화면에 직접 등장하지는 않지만 장면의 내용이나 줄거리를 해설하는 사람을 '내레이터'라고 합니다. 내레이터가 해설하는 것을 '내레이션'이라고 하는데 보통 교양프로그램이나 다큐멘터리, 예능 프로그램에서 장면을 설명하는 데 많이 쓰입니다. 버스에서 들리는 라디오 광고, 만화영화에 성우가 더빙하는 것도 내레이션으로 볼 수 있습니다. 프로그램 성격에 따라 자유자재로 목소리를 표현하는 것이 내레이터가 해야 할 일입니다.

# 내레이션은 어떻게 해야 할까요?

**1. 내용에 맞는 감정을 이입하여 표현합니다.**

이번 장에서 배운 스피치에 리듬감 넣기, 감정표현을 활용해볼 좋은 기회예요. 내레이션은 대본에 따라 적절한 감정과 분위기로 자연스럽게 표현하는 것이 중요합니다. 밝은 분위기일 때는 살랑살랑 봄바람에 말을 싣듯이 밝고 가벼운 느낌의 목소리로 표현하는 것이, 반대로 진지한 다큐멘터리에서는 차분하고 안정감 있는 목소리로 표현하는 것이 어울리겠죠.

**2. 대본을 읽는다는 느낌이 아닌 말을 한다는 느낌으로 합니다.**

혼자 내레이션을 할 때, 자칫 대본을 읽어버리는 실수를 범하기 쉬워요. 다른 사람과 대화하면서 내레이션을 하면 말한다는 느낌으로 자연스럽게 표현이 되겠지만 혼자 독백할 경우에는 조금 어려울 수 있지요. 이럴 때는 시청자 즉, 청중과 소통하고 있다고 상상해보세요. 마치 대화하듯이 훨씬 자연스럽게 표현된답니다.

# 애니메이션 더빙 도전!

귀여운 도니삼형제와 늑대들이 등장인물입니다. 도니들은 늑대들에게 잡혀 위기에 빠져있고 늑대들은 의기양양하게 도니들을 협박하고 있네요. 캐릭터에 맞게 감정을 넣어 진짜 성우처럼 내레이션에 도전해봐요. 우리 모두 도니와 늑대로 변신~~~.

#늑대들이 도니들의 집 대문을 두드리는 장면

늑대들: 돼지들아. 돼지들아. 문 좀 열어줘.
도니들: 흥! 턱도 없는 소리!
늑대들: 그렇다면 밟고 나서 날려버릴 거다. 하하하
도니1: 실컷 불어봐라. 멍청한 것들아.
　　　 우리 집은 너희가 불어봤자 안 날아가.

얼마나 튼튼하게 지었는데~

#늑대들이 대문 옆에 숨겨둔 열쇠를 찾아 문을 열고 들어온다.

**늑대들**: 아하하하~~~~

#끓는 물 위에 도니들이 매달려 있는 장면

도니2: 참 회상장면 한번 길군. 하지만 우린 아직 살아있어.

도니3: 꽁꽁 묶여서 끓는 물 바로 위에 매달려 있지만 말이지.

도니1: 우리 불쌍한 아들이 혼자 있어. 전화 한 통화만 하게 해 줘.

늑대1: 아 그렇지? 너희 귀염둥이 아들~ 하하하

늑대2: 음~~ 몇 년 전에 우리는 기가 막힌 계획을 세웠지. 너희 집에 스파이를 심었거든~ 으하하

도니2: 스파이라고? 누가?

늑대1: 그 스파이는 바로 너의 사랑스러운 입양된 아들! 너의 럭키!

도니3: 제정신으로 하는 소리인 거야? 말도 안 돼!

도니2: 럭키가 스파이라고? 그럴 리 없어.

늑대2: 우하하하하. 바보 같으니라고.

\* 〈도니도니삼형제와 아기늑대침투작전〉, 하워드 E. 베이커·아리시 피지 감독, 2012. 07. 19. 개봉

## 교양 프로그램 내레이션 도전!

다음은 해외여행 프로그램의 대본이에요. 여행지의 생동감이 고스란히 전해질 수 있도록 느낌을 살려서 표현해보세요. 여행지에 온 듯한 착각이 들 정도로 활기차고 밝은 목소리로 전해주세요.

이 사진은 다음 대본에 나오는 태국 암파와에서 주말마다 열리는 수상시장의 모습을 담고 있습니다. 상인이 물 위의 배에서 물건을 팔고 손님도 배 위에서 물건을 삽니다. 태국은 강과 운하가 풍부하고 우리나라처럼 반도의 삼면이 바다라서 수상시장이 발달했습니다.

지난 시간 자연의 모습을 그대로 간직한 태국을 찾았습니다. 에메랄드빛 동굴을 헤엄쳐 들어가야만 닿을 수 있는 비밀의 섬을 발견했지요.
캬~ 다시 봐도 예쁘네요~~
태국음식도 맛보고 현지인들의 삶 속에 들어가 볼 수 있었던 아주 뜻깊은 시간이었는데요.
이번 시간 또 다른 태국의 모습을 찾아 '암파와'에 도착했습니다.
매클롱 강에 자리 잡은 '암파와'는 오랜 전통을 자랑하는 수상시장으로 이국적인 풍경을 자아내는 곳인데요.
주말이면 해산물과 열대과일을 가득 실은 나룻배가 손님을 찾아오면서 수산시장이 열립니다.
상인들이 배 위에서 분주하게 손님 맞을 준비를 하고요.
덕분에 강변에 야외식당에선 싱싱한 해산물 요리를 즐길 수가 있습니다.
낚시하듯 집중하는 소년 발견~
나룻배에서 만든 음식을 바구니에 담아 옮기는 나름 최첨단 퀵배달 서비스입니다.
한 치의 흔들림 없이 안정적인데요.

\* KBS 2TV 저녁 생생정보, 2015. 03. 26.

# 5 쇼호스트 되어보기

    TV에서 홈쇼핑을 본 적이 있을 거예요. 시청자들에게 상품을 판매하는 프로그램입니다. 홈쇼핑에서 시청자들에게 상품을 소개하는 사람을 '쇼호스트'라고 합니다. 단시간에 상품에 관해 설명하려면 쇼호스트가 상품의 특징, 가격, 혜택 등을 정확하고 빠르게 전달해야 합니다. 보다 많은 사람에게 상품을 판매하기 위해 상품을 완벽히 이해하는 것은 물론 다양한 표현력으로 상품을 돋보이게 만들어야 하고요. 더불어 대부분 생방송이기 때문에 엄청난 순발력도 갖춰야 합니다. 그럼 오늘은 쇼호스트가 되어 나의 애장품을 친구들에게 매력적으로 어필해보겠습니다.

## 상품 설명하기

내 애장품을 어떻게 설명해야 친구들이 갖고 싶어 할까요? 실제 쇼호스트들이 시청자를 어떻게 설득하는지 살펴보면 답을 알 수 있을 텐데요. 설득의 노하우를 배워본 후 여러분들이 가장 좋아하는 애장품을 쇼호스트처럼 친구들에게 설명해 보겠습니다. 제일 아끼는 인형, 색연필 세트, 핸드폰 등 어떤 것도 괜찮아요. 사용했던 경험을 바탕으로 애장품의 특징, 장점을 적극적으로 알려주세요. 시범도 보여주면서요. 그럼 멋진 쇼호스트가 되어볼까요? 참! 진짜로 돈을 받고 팔지는 마세요. 호호호.

| 구성요소 | 멘트 |
|---|---|
| 인사 | 안녕하세요. 다모아 홈쇼핑 ○○○입니다. |
| 오프닝 멘트 + 상품 소개 | 완연한 봄 날씨입니다. 어디로든 나들이 가고 싶어지는데요. 오늘은 살랑살랑 봄바람 불 때 입으면 정말 예쁜 원피스를 준비했습니다. |

| 상품의 가격, 특징, 장점 (타 상품과 다른 특장점) | 오늘 소개해드릴 원피스는 세계적인 디자이너 소피아 킴이 디자인한 원피스인데요. 세계적인 디자이너가 직접 만든 원피스를 파격적인 가격인 단돈 3만 원에 드립니다.<br>자세히 설명해드리자면 디자인 패턴은 최신 패션트렌드를 반영해서 올해 처음으로 여러분께 선보이는 디자인입니다.<br>소재는 부드러운 실크인데 땀 흡수가 잘되고, 신축성이 있어 일상생활에서 정말 편하게 입으실 수 있습니다.<br>보통 실크 소재의 옷은 세탁기로 빨면 안 되죠. 그런데 이 옷은 일반 세탁기에 넣어도 상관없습니다.<br>새롭게 특허를 받은 원단으로 가벼운 실크지만 면처럼 손쉽게 세탁할 수 있는 놀라운 원피스입니다. |
|---|---|
| 서비스 혜택, 전화번호 안내 | 오늘 방송 사상 최초로 원피스를 구매하신 분들에게 함께 코디하면 좋을 선글라스를 선물로 드립니다.<br>이 혜택은 오늘 방송 중에 구매하신 분들에게만 돌아가니 망설이지 마시고 지금 바로 000-0000으로 자동주문전화 주세요. 많은 분들이 전화해주고 계시는데요.<br>자동주문전화로 주문하시면 10% 할인까지 받으실 수 있습니다. |
| 감사 인사 | 네~많은 분의 성원으로 벌써 매진이 됐네요.<br> 구매해주신 고객님 감사합니다. |

# 친구들에게 나의 애장품 설명하기 도전

| 구성 요소 | 멘트 |
|---|---|
| 인사 | |
| 오프닝 멘트 + 상품 소개 | |
| 상품의 가격, 특징, 장점 (타 상품과 다른 특장점) | |

서비스 혜택, 전화번호 안내

감사 인사

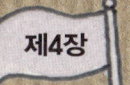

제4장

# 똑똑하게 말하기

1. 언어 상상력
2. 육하원칙으로 말하기
3. '기억의 궁전' 암기법
4. 묘사·설명하기
5. 토론하기

스피치는 궁극적으로 원활한 '소통'을 위한 것입니다. 발표자는 제 뜻을 온전히 잘 전달하고 듣는 이는 곡해 없이 있는 그대로를 이해한다면 소통이 잘 이루어지고 있는 거겠죠? 이 장은 올바른 소통을 위한 다양한 방법을 접할 수 있는 부분입니다. 말의 재료인 어휘를 폭넓게 익히는 언어 상상력 학습을 시작으로 육하원칙에 따라 간결하게 정보를 전달하기, 고대 암기법으로 연설, 프레젠테이션 등 스탠딩 스피치 멋지게 해내기, 보고 들은 이야기를 일목요연하게 설명하기, 논리적인 사고와 설득력, 배려 등 종합적인 소통 능력을 함양하는 토론까지 배워 보겠습니다.

## '언어 상상력'이란?

말에는 어원이라는 것이 있어요. 어원은 어휘의 뿌리라는 뜻입니다. 어원을 알면 연관단어를 쉽게 이해하고 기억할 수 있어 어휘력과 사고력이 향상됩니다. 말의 재료인 단어를 많이 알면 자연히 스피치도 훨씬 다채로워집니다.

오늘은 기본 한자어에서 파생되는 연관단어를 익히며 어휘력의 폭을 넓혀가는 시간을 갖겠습니다. 언어의 상상력을 키워보는 훈련으로 마치 고구마를 캘 때 고구마 줄기를 따라 고구마가 올라오듯이 어휘가 줄줄이 연상되는 방법입니다. 물 흐르듯 자연스럽게 어휘의 뜻이 이해되면서 저절로 외어지는 언어 상상력 훈련을 시작해 볼까요?

## 언어 상상력 키우기

言 말씀 언

언(言)은 말을 뜻합니다. 언(言)이 들어가 있는 단어를 지금부터 배워 보도록 해요.

• 생각이나 느낌을 전달하는 데 쓰이는 말을 1) ☐☐ 라고 합니다. 언어 즉, 말이나 글자로 하는 놀이를 2) ☐☐☐☐ 라고 하는데요. 끝말잇기놀이가 이러한 놀이 중의 하나예요.

• 자신의 의견을 조리 있게 전달하는 것이 스피치의 핵심인데요. 어떤 문제에 대해 말하는 것을 3) ☐☐ 이라고 합니다.

• 자기 생각을 말이나 글로 널리 발표하는 것을 4) ☐☐ 이라고 하는데 보도, 출판 따위의 방법이 있어요. 여러분이 잘 알고 있는 방송국, 신문사는 언론을 담당하는 회사로 5) ☐☐☐ 라고 하고, 여기에 종사하는 사람들을 6) ☐☐☐ 이라고 합니다.

송출탑이 세워진 방송국의 모습

• 의견을 주장하다 보면 때때로 상대방과 맞지 않아 의견이 충돌할 때가 있습니다. 흔히들 말싸움하게 되죠. 이를 7) '☐☐을 벌이다'라고 말합니다.

• 어른들이 싸우는 모습을 본 적이 있나요? 목소리가 커지고 종종 말씨가 거칠어져서 보기 매우 안 좋죠? 친구들과도 대화하면서 어투 때문에 기분이 상할 때가 있습니다. 말씨는 그만큼 부드러운 대화를 이끌기 위한 중요한 요소입니다. 이러한 말씨, 어투를 8) ☐☐라고도 합니다.

151

미국의 발명가로 1000종이 넘을 만큼 수많은 발명을 한 에디슨.
특히 전구를 발명했다고 알려져 있다.

- '천재는 1%의 영감과 99%의 땀이다'라는 유명한 말을 들어봤나요? 전구를 발명한 에디슨이 한 명언인데요. 사리에 맞는 훌륭한 말 또는 널리 알려진 말을 9) ☐☐ 이라고 합니다. 이와 비슷한 뜻으로 삶에 본보기가 될 만한 귀중한 내용을 담고 있는 말로 10) ☐☐ 도 있

습니다.

언(言)이 쓰이는 고사성어도 배워볼게요.

• 말과 행동이 같지 않은 사람에게는 신뢰가 생기지 않지요? 우리는 언제나 말과 행동이 같은 사람이 되도록 노력해야 합니다. 이걸 한자로 하면 11) ☐☐☐☐ 랍니다.

• 이미 한 말을 자꾸 되풀이하는 걸 뜻하는 12) ☐☐☐☐ 이란 말도 있어요. 그리고 말 속에 뼈가 있다는 뜻으로 말 속에 단단한 속뜻이 들어 있음을 뜻하는 사자성어로는 13) ☐☐☐☐ 이 있어요. 예사로운 말인데 그 속에는 만만치 않은 속뜻이 숨어있다는 의미입니다.

**정답**

1) 언어 2) 언어유희 3) 언급 4) 언론 5) 언론사 6) 언론인 7) 언쟁
8) 언사 9) 명언 10) 금언 11) 언행일치 12) 중언부언 13) 언중유골

## 언어 상상력 게임

친구들과 번갈아 가며 단어를 제시하는 게임입니다. 방법은 미리 정한 소재(산, 강, 음식, 과일, 꽃 등)에 해당하는 단어를 차례로 말하는 방식이에요. 다음 소재 중 하나를 선택해 시작해보세요.

> 과일, 꽃, 나라, 도시, 산, 강, 학교

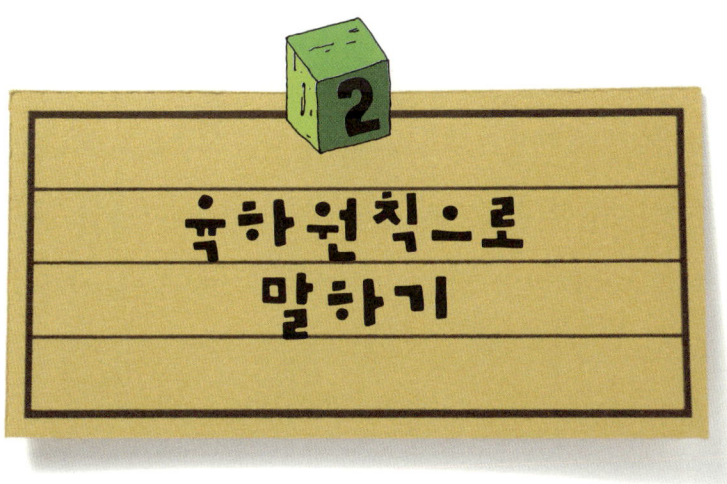

## 육하원칙은 무엇일까요?

친구들에게 급박한 이야기를 전할 때, 마음이 급하면 두서없이 말이 나오기가 쉽습니다. 빨리 알려주고 싶은 생각에 말은 더 꼬이지요? 이럴 때 필요한 것이 바로 '육하원칙'입니다.

육하원칙은 '누가, 언제, 어디서, 무엇을, 어떻게, 왜'로 보도문과 같은 글을 쓸 때 담아야 할 6가지 요소입니다. 이 원칙대로 글을 쓰면 누구나 알기 쉽고 정확하게 사실 및 내용을 전달할 수 있습니다. 아무리 긴 내용도 육하원칙만 있으면 어떤 일이 어떻게 일어났는지 단번에 파악할 수 있어요.

이러한 육하원칙은 글에만 쓰이는 것이 아닙니다. 스피치에서도 육하원칙을 사용하면 간결하면서도 분명하게 정보를 전달할 수 있어요. 그래서 짧은 시간에 정확한 정보를 보도해야 하는 뉴스를 보면 기자들이 언제나 육하원칙에 따라 시청자들에게 정보를 전달하고 있습니다. 뉴스에서 육하원칙이 어떻게 쓰이고 있는지 살펴보고 정리하는 시간을 가져볼게요.

## 육하원칙의 6가지 요소

육하원칙의 예

누가: 사건의 주인공

언제: 사건이 일어난 때

어디서: 사건이 일어난 장소

무엇을: 사건의 대상

어떻게: 주인공이 한 일

왜: 사건이 발생한 이유

## 뉴스 속 육하원칙 찾기

**1단계. 육하원칙 찾아내기**

다음은 뉴스 기사의 일부분입니다. 뉴스를 읽고 육하원칙을 찾아보세요.

> 크리스마스이브인 오늘 양천구 어린이들이 근처 요양원을 방문해 성탄의 기쁨을 나누기 위해 다양한 공연을 펼쳤습니다.

누가: 양천구 어린이들이

언제: 크리스마스이브인 오늘

어디서: 양천구 근처 요양원에서

무엇을: 공연을

어떻게: 펼쳤습니다.

왜: 성탄의 기쁨을 나누기 위해

요양원에서 어떤 일이 있었는지 한 번에 파악이 되죠? 핵심적인 사항만 있기 때문에 사건을 빠르게 이해할 수 있습니다.

**2단계. 육하원칙을 찾아 요약하기 도전**

다음은 신문기사입니다. 기사를 읽고 육하원칙을 찾은 후 1~2문장으로 요약해보세요.

### 초등생 61%… "반장 꿈꾼다"

"반장을 향한 나의 사랑은 무조건 무조건이야~"

새 학기, 반장이 되기 위한 이색 선거 유세로 초등학교들이 들썩이는 가운데 초등학생 10명 중 6명은 반장이 되고 싶어 하는 것으로 나타났다.

온라인 초등 교육 사이트 아이스크림 홈런은 9일 전국의 초등학생 2만 3117명에게 설문 조사를 실시한 결과, 어린이의 61%가 반장이 되고 싶다고 답했다고 밝혔다.
또 여학생(64%)이 남학생(58%)보다 더 반장이 되기를 원하는 것으로 나타났다.

'반장이 되고 싶은 이유'를 묻는 질문에는 가장 많은 31%의 어린이가 '리더십을 발휘할 기회'라는 답변을 내놨다.
이어 '교우 관계가 좋아진다'(24%), '어려운 친구를 도울 수 있다'(24%) 등의 이유를 꼽았다.
반면 '반장이 되고 싶지 않은 이유'로는 '친구들 앞에 나서기 부끄럽다'가 31%로 1위에 올랐고, '책임져야 할 일이 많아 귀찮다'(21%)가 뒤를 이었다.

\* 소년한국일보, 2015. 3. 9

## 1) 신문기사 내용에서 육하원칙 찾기

누가:

언제:

어디서:

무엇을:

어떻게:

왜:

## 2) 앞에서 찾은 육하원칙으로 신문 기사를 1~2문장으로 요약하기

**모범답**

1) 초등학생 10명 중 6명, 9일, 학교에서, 반장을, 되고 싶어 한다, 리더십을 발휘할 기회이기 때문에
2) 9일 온라인 초등교육 사이트 설문조사 결과, 초등학생 10명 중 6명은 학교에서 반장이 되고 싶어 하는 것으로 나타났습니다. 이유로는 리더십을 발휘할 기회라는 응답이 가장 많았습니다.

# 뉴스 속 육하원칙 찾기 도전

## 올 연말 '춤추고 노래하는 가로등' 생긴다

미국 시애틀시의 노래하는 가로등

올 연말 음악이 나오는 가로등이 서울에 등장할 것으로 보인다. 서울시는 "음악이 나오는 색다른 가로등을 설치하는 사업을 연말부터 시작하겠다"고 26일 밝혔다. 춤추고 노래하는 가로등은 미국 시애틀의 사례를 참고해 기획됐다.

시애틀시는 12m 높이의 꽃 형상을 한 가로등을 설치했다. 태양열을 이용해 에너지를 절약할 수 있고, 사람이 지나가면 음악이 나오도록 디자인돼 시민들로부터 좋은 반응을 얻고 있다.

서울시도 주요 공원이나 도로의 가로등에 센서를 달아 사람이 다가오거나 지나가면 가로등에서 음악이 흘러나오도록 하고 날씨에 따라 다른 음악이 나오게끔 만들 예정이다.

시 관계자는 "월드컵공원이나 서울숲 등 시가 관리하는 공원이나 대형광장도 고려하고 있다"며 "매년 1억2천만 원을 투입해 2018년까지 4곳에 춤추고 노래하는 가로등을 설치하겠다"고 말했다.

\* 연합뉴스, 2015. 03. 26.

## 1) 신문기사에서 육하원칙 찾기

누가: _____

언제: _____

어디서: _____

무엇을: _____

어떻게: _____

왜: _____


## 2) 육하원칙을 연결해 1~2문장으로 완성하기

_____

_____

_____

_____

_____

_____

_____

_____

# 육하원칙으로 만든 '오늘의 뉴스' 발표하기

오늘 있었던 일 중 가장 기억에 남는 일 하나를 선택해 육하원칙에 따라 작성해 보세요. 그 다음, 육하원칙을 연결해 1~2문장으로 완성한 후 친구들 앞에서 발표해 보세요. 간결하면서도 명료한 발표에 친구들이 깜짝 놀랄 거예요.

## 1) 육하원칙에 따라 작성하기

누가:

언제:

어디서:

무엇을:

어떻게:

왜:

## 2) 육하원칙을 연결해 1-2문장으로 완성하기

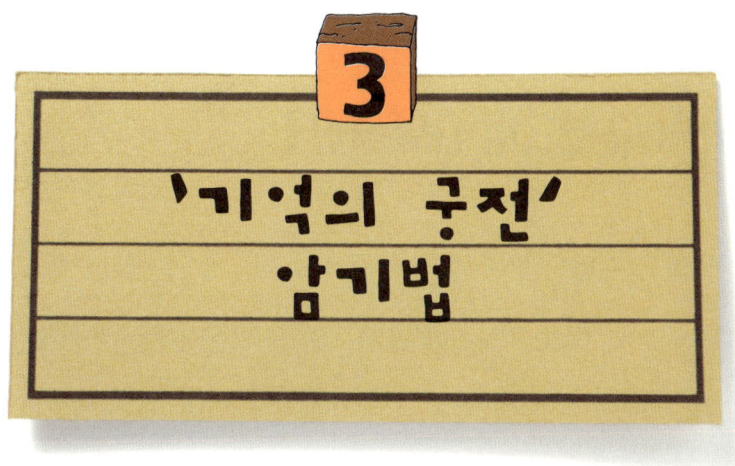

## 3 '기억의 궁전' 암기법

    세계 곳곳에서 열리는 기억력 대회에 참가하거나 본 적이 있나요? 엄청난 기억력을 소유한 참가자들을 보면 뭔가 특별하고 천재인 것처럼 보입니다. 그런데 뛰어난 암기력을 지닌 사람의 뇌를 연구한 결과, 그들의 뇌는 보통 사람과 별 차이가 없는 것으로 나타났어요. 높은 지능지수(IQ)를 가진 사람도 아닌 그저 평범한 사람들이었습니다. 그럼 어떻게 수백 개의 숫자 혹은 카드를 순서 하나 틀리지 않고 단 30분 만에 모두 외울 수 있었을까요? 그것은 그들만의 특별한 기억술을 사용했기 때문입니다. 이 기억술은 조슈아 포어의 강연을 통해 처음 알게 됐는데요. 이 장에서는 강연 동영상 내용을 바탕으로 여러분에게 이 특별한 암기법을 소개하려고 해요. 조금 생소할 것 같지만 스피치와 깊이 연관 있는 이 암기법을 배워보겠습니다.

## '기억의 궁전' 암기법이란?

스피치와 암기법이 무슨 상관이 있는지 조금은 의아해할 수도 있습니다. 하지만 고대 그리스 시대를 살펴보면 둘 사이에 깊은 연관성이 있다는 사실을 발견할 수 있습니다.

약 2500년 전 고대 그리스와 로마는 문화적인 향유가 활발한 사회였습니다. 파티나 축제에서 시를 낭송하는 일은 요즘으로 말하면 가수를 초청해 축하공연을 하는 것과 같았습니다. 토론과 연설은 시시때때로 길거리에서 흔히 볼 수 있는 장면이었죠. 이 때문에 시를 잘 낭송하거나 연설을 막힘없이 하려면 암기력이 필요했습니다.

기억력 훈련은 지금의 수학이나 영어처럼 가르치고 훈련할 수 있는 분야였고, 자연히 효과적인 기억술이 발전했습니다. 그중 하나가 오늘 배울 '기억의 궁전'으로 불리는 암기법입니다. 뛰어난 웅변 실력으로 변호사를 거쳐 국부(國父)까지 오른 고대 로마의 정치가 겸 저술가인 키케로는 연설문을 기억하기 위해 이 기억법을 사용했고, 중세 학자들도 여러 권의 책을 통째로 외우기 위해 이 기억법을 활용했다고 합니다.

# '기억의 궁전' 암기법 배우기

'기억의 궁전' 암기법의 원리는 시각적이며 공간적인 것에 사람들이 엄청난 기억력을 발휘한다는 점에서 출발합니다. 처음으로 가본 놀이동산에서 먹었던 간식, 혹은 입었던 옷들이 시간이 지난 후에도 기억이 나는 것은 이 때문이죠.

방법은 어려운 단어, 문장 또는 주제를 머릿속에서 우리에게 익숙한 장소에 놓아두는 것입니다. 상상력으로 건물 즉, 궁전을 지어서 기억하고 싶은 사물들을 궁전 곳곳에 두는 겁니다. 추상적인 것을 감각적이고 구체적인 장소와 연결 지어서 '기억의 궁전'을 만들어 가고, 기억해낼 때는 궁전의 문을 열고 들어가 돌아다니면서 놓아두었던 이미지를 발견하면서 기억을 떠올리는 방식입니다.

> **연필, 색연필, 지우개, 형광펜, 수정테이프**

5개의 단어가 있습니다. 이 단어들로 '기억의 궁전' 암기법을 연습해볼 게요. 먼저 각각의 단어를 우리가 사는 집 안 곳곳에 놓습니다.

연필은 현관문 앞에 놓습니다. 당연히 상상력으로요. 문을 열고 들어가 거실에 무지개색 소파를 놓습니다. 다양한 색깔의 색연필이 떠오를 수 있도록 무지개색 소파를 상상으로 만듭니다. 특이하면서 감각적일수록 뇌를 자극해서 기억이 오래 지속되니 상상력을 마음껏 발휘해야 해요. 이제 주방으로 장소를 옮깁니다. 주방에 큰 식탁이 있는데 식탁을 거의 덮을 만큼 큰 지우개가 위에 놓여 있습니다. 정말 큰 점보 지우개겠어요. 다음으로 화장실로 들어갑니다. 레이저가 나오는 형광펜이 있어서 화장실 안이 형형색색 번쩍거립니다. 마침내 내 방에 도착합니다. 방에는 하얀 인디언 텐트가 있군요. 텐트 앞에는 수정테이프가 있어요.

조금은 엉뚱하면서 재밌죠? 집중해서 머릿속으로 집안 곳곳을 돌아다니며 상상을 해봐요. 기억을 떠올릴 때는 순서대로 모두 생각해낼 거예요. 아마 며칠이 지나도 순서 하나 틀리지 않고 모두 기억해낼 겁니다. 상상이기 때문에 현실성이 있는지 없는지는 중요하지 않아요. 독특하면서 감각적이고 인상적인 이미지를 사용할수록 오래오래 기억할 수 있습니다.

이번에는 스피치에 적용해 보겠습니다. 이때는 단어 하나하나를 외우는 것이 아니라 주제를 한 덩어리로 생각해 각각을 우리에게 익숙한 장소에 놓아둡니다. 다시 말해 스피치 속에서는 소주제들이 앞서 연습했던 단어가 됩니다. 조슈아 포어의 《아인슈타인과 문워킹을》에서 말한 바와 같이 주제(topic)가 장소를 뜻하는 그리스어 토포스(topos)에서 유래한 것만 봐도 잘 알 수 있습니다. '첫째로'라는 뜻의 영어 구절 'in the first place'도 마찬가지고요. 이처럼 글 또는 연설을 공간과 관련 있는 언어와 연결지어 생각하면 아무리 긴 연설문이라도 흐름을 잃지 않고 외울 수 있습니다.

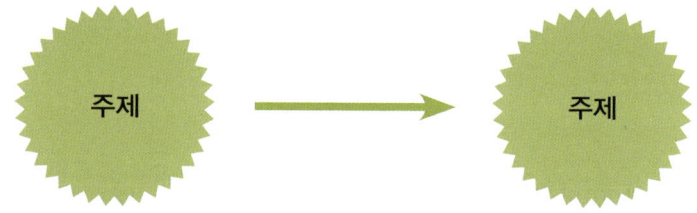

여기에 선생님이 한 가지 팁을 더할게요. '기억의 궁전'과 같은 원리로 단어에 의미를 부여하는 방법이에요. 방법은 '이야기'로 만드는 것입니다. 익숙한 장소에 단어를 배치해 의미 있는 이미지로 변형시키는 것처럼 이야기로 만들면 무의미한 단어가 이해할 수 있는 방식으로 바뀌면서 순식간에 단어를 외울 수 있습니다. 재미있는 이야기를 들으면 나도 모르게 이야기에 몰입돼서 시간이 흘러도 기억이 잘 나죠? 이야기를 만들면 머릿속에 둥둥 떠다니던 단어(주제)에 연결고리가 생기면서 자연스레 다음 단어(주제)가 떠오르기 때문이에요. 말도 안 되는 우스꽝스러운 이야기를 만들어보세요. 상상력이 풍부해지고 외우는 것이 재미있어져요.

## '기억의 궁전' 암기법으로 단어 외우기

> 핸드폰, 책, 안경, 경호원, 사과, 실내화
> 숭례문, 프랑스, 수요일, 일기예보

### story making

숭례문에서 일을 마친 안경을 쓴 경호원이 손에는 책과 핸드폰을 들고 공항에 갔어요. 빨갛게 익은 사과를 사 먹고 싶은데 프랑스로 가는 비행기가 도착해서 시간이 없어요. 실내화를 갈아 신고 탑승하려는데 일기예보에서 하필 갑자기 쏟아진 폭우로 수요일에나 비행기가 이륙할 수 있다고 하네요.

머릿속에서 경호원 아저씨가 보이나요? 말도 안 되는 내용이지만 이야기를 만들면 아무 의미가 없던 단어가 경호원 아저씨에게 의미 있는 단어로 변합니다. 이게 바로 쉽게 기억할 수 있는 방법이에요.

한번 테스트를 해볼까요? 30분 후에 앞의 단어를 모두 기억해내보세요. 어때요? 모두 적었나요? 처음이라 조금 어려운 친구도 있겠지만 연습하면 금세 20개까지도 외울 수 있습니다. 그럼 다음 단계로 넘어가겠습니다.

# '기억의 궁전' 암기법으로
# 15개 단어 외우기 도전

15개가 너무 많다고요? 앞에서 10개 단어를 외운 것처럼 같은 방법으로 도전해보세요. 여러분들의 잠재력을 믿어보세요.

> 마우스, 책, 엄마, 한강, 겨울왕국, 간식, 발레, 반장선거
> 어린이날, 학원, 아몬드, 12시, 지갑, 피아노, 보라색

## story making

# '기억의 궁전' 암기법으로 대본 보지 않고 3분 스피치하기

3분 스피치는 생각보다 긴 스피치입니다. 주제에 적합한 내용을 구상하고 스피치 내용을 작성하는 것도 어려운 일인데 대본을 보지 않고 스피치하는 것은 더 어렵겠죠. 하지만 오늘 배운 '기억의 궁전' 암기술을 활용하면 쉽게 해낼 수 있습니다. 스피치에서 키워드 즉, 핵심단어를 선택한 다음 이들을 연결합니다. 핵심단어를 중심으로 외우면 스피치하면서 해당하는 소주제가 떠올라 중간에 잊어버리지 않고 자연스럽게 스피치할 수 있어요. 잊어버릴까 봐 처음부터 끝까지 보고 읽거나 글자 하나하나를 외우면 부자연스러울뿐더러 청중과의 교감도 어려워서 인상적인 스피치로 기억되기 어렵습니다. 자~ 일단 도전해 볼까요?

# 4 묘사·설명하기

학급 친구들과 멋진 곳으로 소풍을 왔습니다. 집에 돌아와서 친구들과 본 근사한 풍경을 가족에게 설명하고 싶은데요. 어디서부터 무슨 말부터 해야 할지 모르겠네요. 정말 멋지고 예뻤는데 막상 말로 설명하려니 막막하죠. 어떻게 표현해야 내가 갔던 곳을 생생히 설명할 수 있을까요?

어떤 대상이나 현상을 언어로 표현하거나 그림을 그려서 표현하는 것을 '묘사'라고 합니다. 설명을 듣는 것만으로도 마치 그림을 그리듯 머릿속에서 상상이 되면 묘사를 잘 한 거겠죠. 언어로 표현하는 묘사는 그림 또는 상황의 특징을 설명하는 과정에서 어휘를 종합적으로 평가할 수 있고, 표현력은 물론 상상력까지 풍부해지는 효과적인 스피치 훈련 방법입니다. 오늘은 다양한 이미지를 묘사해보는 시간을 가져볼게요.

## 묘사하는 방법 배우기

묘사하는 방법에는 '반드시 이렇게 해야 한다'라는 절대적 원칙은 없어요. 그러나 아무렇게나 설명하면 듣는 이가 무슨 상황인지 전체적인 틀조차 그릴 수가 없어 헷갈려 할 수 있습니다. 보다 효과적으로 일관성 있게 묘사하려면 다음의 규칙에 따라 설명하는 것이 좋습니다.

### 묘사의 순서

전체적인 것을 묘사한 다음에 부분적인 것을 묘사한다.

↓

부분적인 것을 묘사할 때는 순서를 정해 묘사한다.
(위→아래, 전경→후경, 왼쪽→오른쪽, 가운데→바깥)

↓

마무리에서 자신의 느낌이나 생각을 덧붙여도 좋다.

영국 런던에 있는 국왕의 궁전인 버킹엄 궁전 정문

이상적인 묘사의 순서를 살펴봤습니다. 제시된 사진을 보며 구체적으로 연습해 보겠습니다.

**1. 전체적인 것을 묘사한 다음에 부분적인 것을 묘사한다.**

사진을 보면 궁전이 있고 사람들도 보입니다. 여러분은 어떤 것부터 설명하고 싶으세요? 묘사는 전체에서 작은 부분으로 옮기면서 구체적으로 설명하는 것이 좋습니다. 듣는 이로 하여금 전체의 모습을 빨리 파악하는 데 도움을 주기 때문이에요. 이 사진에서 가장 큰 비중을 차지하는 것이 궁전이죠. 그럼 다음과 같이 설명을 시작하는 것이 좋습니다.

"사진 속에는 큰 궁전이 있습니다. 궁전 바로 앞에는 검은색 철문과 철조망이 있습니다."

**2. 부분적인 것을 묘사할 때는 순서를 정해 묘사한다.**

중심(궁전)을 설명한 뒤에는 그 외의 부분적인 것(사람들, 말과 경호원)을 설명할 차례입니다. 순서는 대상의 특징에 맞춰 여러분이 설명하기 편한 방향으로 정합니다. 이 사진은 가운데에서 바깥으로 시선을 옮기며 묘사하겠습니다. 이때 기억할 점! 부분적인 것을 묘사할 때는 구체적으로 자세하게 묘사해주세요.

"대문은 궁전의 크기와 비례해 사람 키의 약 3배 정도로 매우 크고 웅장합니다. 대문은 굳게 닫혀있고 문 앞에 각각 말을 탄 경호원 두 명이 대문을 지키고 있습니다. 그리고 문 양옆으로 인파가 몰려있습니다."

**3. 자신의 느낌이나 생각을 덧붙여도 좋다.**

묘사는 있는 그대로 상황, 이미지 등을 설명해야 하기 때문에 자신의 느낌이나 의견은 덧붙이지 않는 것이 좋은 수도 있어요. 그러나 사진을 통해 유추할 수 있는 느낌이나 생각을 더하면 듣는 이가 자신의 경험 혹은 상상력을 동원해 전체적인 상황을 빨리 파악할 수 있어 도움이 될 때가 많습니다. 너무 과장하거나 터무니없는 생각만 아니라면요.

"대문 앞은 비워둔 채 양옆의 철조망 앞에만 사람들이 빼곡히 서 있는 것을 보아하니 곧 행렬이 있을 것 같습니다."

## 그림 묘사하기

세계에서 가장 유명한 그림으로 통하는 밀레의 〈이삭줍는 여인들〉, 1857년 작.

이 그림은 프랑스의 화가 밀레의 '이삭 줍는 여인들'입니다. 그림을 보고 친구들에게 설명해보세요. 친구들은 여러분의 설명만 듣고 그림을 그립니다. 설명이 끝난 뒤 이 그림과 가장 비슷한 그림을 뽑아보세요.

| 묘사순서 | | 설명 내용 |
|---|---|---|
| ① 전체 | | 이 그림의 장소는 (　　　　) 인 것 같습니다.<br>(　　　)이 (　　　　) 하고 있습니다. |
| ② 부분 | 전경 | 세 여인은 (　　　)를 숙여 바닥에 떨어진 이삭을 줍고 있습니다. 세 여인 모두 (　　　)을 쓰고, (　　　　)를 두르고 있습니다.<br>이삭을 담은 앞치마의 (　　　)가 불룩합니다. |
| | 후경 | 여인들 뒤로 추수한 (　　　)가 군데군데 쌓여있습니다. 그리고 뒤편 멀리 (　　　　)와 (　　　)들이 옹기종기 모여 있습니다. |
| ③ 자신의 느낌, 생각 | | 바닥에 떨어진 이삭을 줍는 여인들의 모습을 볼 때 계절은 추수가 끝난 (　　　　　) 인 것 같습니다. |

## 그림카드로 스토리텔링하기

그림카드가 일련의 순서대로 놓여있습니다. 인물의 행동과 표정을 추측하여 순서에 따라 이야기를 만들어보세요. 인물의 움직임이 주가 되는 상황설명은 배경보다는 인물의 행동변화에 초점을 두어 설명해주세요.

## 스피드 퀴즈

**GAME RULE**

① 한 모둠이 다른 모둠을 대상으로 설명하는 게임입니다.
　 퀴즈를 낼 모둠은 앞으로 모두 나옵니다.
② 퀴즈를 설명할 모둠은 일렬로 섭니다.
③ 선생님이 보여주는 단어를 첫 번째 사람이 설명합니다.
　 다른 모둠이 맞히면 두 번째 사람이 다음 단어를 설명합니다.
④ 가장 많이 퀴즈를 맞힌 모둠이 승리합니다.

　토론은 어떤 주제에 대해 찬성 혹은 반대의 의견을 갖고 서로 자신의 의견을 주장하는 것입니다. 자신의 의견을 상대방에게 이해시키기 위해 설득과 비판하는 과정을 거치며 생각의 폭을 넓히고 이성적으로 판단하는 사고력을 키울 수 있어요. 한편 자신의 주장을 논리적으로 말하면서 스피치 실력이 향상되는 것은 물론 반대 의견을 경청하면서 타인에 대한 존중과 배려도 함께 배울 좋은 기회입니다. 일거양득의 토론! 지금부터 배워보겠습니다.

# 자신의 의견을 말하는 방법

토론은 궁극적으로 자신과 반대되는 의견을 가진 이를 설득하는 과정입니다. 다시 말해 설득을 잘하는 것이 토론을 잘하는 비결이 되겠지요. 토론의 핵심인 설득은 막무가내로 자신의 의견을 주장하는 것이 아니에요. 주장을 뒷받침하는 타당한 이유와 근거가 있어야만 상대방을 설득할 수 있습니다. '왜 그렇게 생각하는지' 반대편이 납득할 만한 이유와 근거를 찾는 것이 중요합니다.

먼저 자신의 의견을 올바르게 말하는 방법으로 토론의 기본기를 다져 보겠습니다.

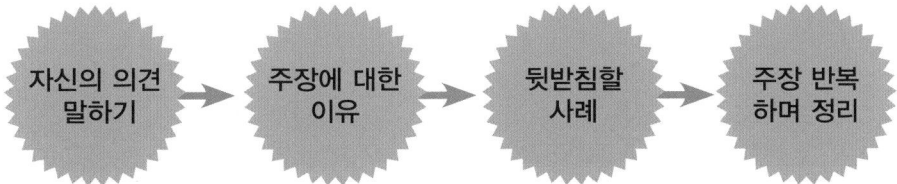

### 1. 자신의 의견 말하기

주제에 대한 찬성 혹은 반대의 입장을 정합니다.

"저는 이 주제에 대해 찬성(또는 반대)하는 입장입니다."

## 2. 주장에 대한 이유 말하기

찬성 혹은 반대를 선택한 타당한 이유를 말합니다. 왜 이러한 입장을 선택했는지 나의 의견을 말해주세요.

"그것은 ~~~ 이기 때문입니다."

## 3. 뒷받침할 사례를 들어 설명 보충하기

이유를 이야기한 다음에 관련된 사례를 제시하면 설득력은 더 높아집니다. 이유에 힘을 실어 줄 만한 사례로 자신의 경험 혹은 책, 신문에서 본 자료를 제시합니다. 자료는 믿을 만한 근거가 있는 통계나 연구 자료를 제시하는 것이 유리합니다. 그리고 출처를 밝혀야 신빙성이 있으니 꼭 정확한 출처를 밝혀주세요.

"예로 저는 ~~~ 경험이 있었습니다."
"일례로 얼마 전, ○○ 신문에서 이와 관련된 이야기를 본 적이 있습니다. 내용인즉슨 ~~~ 입니다."

## 4. 자신의 주장을 다시 반복하며 정리하기

처음에 말한 입장을 반복하며 의견을 마무리합니다.

"그렇기 때문에 저는 ~~~에 대해 찬성(또는 반대)합니다."

## 자신의 의견을 말하는 방법의 예

"저는 초등학생의 스마트폰 사용에 대해 반대하는 입장입니다.

① 자신의 의견 주장

이유는 인터넷 게임, 유해한 동영상에 쉽게 노출될 수 있기 때문입니다. 특히 게임을 자주 하면 공부에 방해되는 것은 물론 게임 중독에 빠질 수 있습니다.

② 주장에 대한 이유

제 경우에도 테트리스 게임에 빠져 한동안 공부에 집중할 수 없었고, 밤늦게까지 핸드폰으로 게임을 하다가 늦잠자서 학교에 지각하는 일이 많았습니다.

③ 사례

그렇기 때문에 제약 없이 각종 게임과 유해한 정보에 쉽게 접근할 수 있는 스마트폰 사용은 공부하는 초등학생에게 부정적인 영향을 미칠 것으로 생각합니다."

④ 주장 반복

**꿀팁!**

## 토론의 올바른 자세

1. 적당한 속도와 큰 목소리로 자신 있게 말합니다.
 약간 큰 목소리로 말하는 것이 자신감 있어 보이고, 토론 참여자 모두가 여러분의 의견을 잘 들을 수 있습니다. 그리고 토론 분위기가 과열되면 흥분하면서 말이 빨라지고 감정 조절이 힘들어 말실수를 하기 쉽습니다. 말의 속도는 천천히 또박또박 말하는 것이 전달력도 높이고 신뢰감 있게 들립니다. 약간 큰 소리로 천천히 발표해주세요.

2. 정해진 규칙과 발언 시간을 지킵니다.
 주장을 강하게 어필하다보면 흥분해서 상대방의 말을 끊고 반박하고 싶을 때가 있어요. 그러나 반드시 상대방의 말이 끝난 후에 발언하는 것이 상대방에 대한 예의입니다. 자신의 차례가 올 때까지 기다려 주세요.

3. 토론 내용과 상관없는 이야기로 상대방을 공격하지 않습니다.
 주제와 관련 없는 내용으로 상대방의 감정을 상하게 하는 발언은 토론을 방해할뿐더러 예의 바르지 못한 행위입니다. 토론 주제에서 벗어나지 않는 내용으로 감정을 조절하며 이성적으로 발언해주세요.

4. 상대방의 주장에 반박할 때는 쿠션 화법으로 부드럽게 시작하는 것이 좋습니다.

상대방의 생각이 나와 다른 것이지 틀린 생각은 아닙니다. 바라보는 관점의 차이로 인해 견해가 다를 뿐 내 생각만이 옳은 것은 아닙니다. 때문에 나와 의견이 같지 않다고 해서 바로 반박해 버리면 상대방은 감정이 상할 수밖에 없습니다. 타당한 논거로 반박했다 하더라도 말하는 이의 태도, 어투가 공격적이면 상대방은 방어적으로 태도를 바꿉니다. 상대방의 의견을 존중한다는 의미에서 부드럽게 상대의 의견을 인정한 후 나의 의견을 제시해주는 것이 좋습니다. 예를 들어 "반대측에서 말씀하신 논거 충분히 이해합니다. 그러나 ~~~ 입장에서 생각했을 때 ~~~ 예상치 못한 문제가 생길 수 있습니다."처럼 상대편의 의견도 존중하는 표현을 적극 활용해 주세요.

5. 반대편의 의견을 집중하여 경청합니다.
 반대편에서 주장하는 논거를 충실히 듣고 타당한 점은 무엇인지, 잘못된 점은 어떤 것인지 판단해야 합니다. 그래야 양쪽 모두 서로의 의견을 보충하며 논거가 탄탄해지고, 나아가 양측 모두 공감할 수 있는 합의점까지 이끌어낼 수 있습니다.

# 실제 토론하기

실제로 토론을 해보겠습니다. 안건은 '초등학생의 스마트폰 사용은 유익한가'입니다. 사회자의 진행에 따라 각 팀에게 주어진 차례대로 발언합니다. 주장을 펼치는 순서에서는 일반적으로 찬성팀에게 먼저 발언권이 주어집니다. 이어서 반론을 펼치는 순서에서는 반대팀에게 우선권이 있습니다. 사회자는 무엇보다 모든 팀원에게 발언 기회를 골고루 줘야 하며 규칙과 발언 시간을 어기는 팀원에게는 적절한 사인을 보내서 토론을 원활하게 이끌어야 합니다.

### 1. 토론 시작

사회자: 안녕하세요. 오늘의 토론 사회자 OOO입니다. 오늘 토론할 양 팀을 소개하겠습니다. (소개가 끝난 뒤) 상대팀과 인사하시기 바랍니다. 그럼 지금부터 '초등학생의 스마트폰 사용은 유익한가'라는 안건으로 토론을 시작하겠습니다. 먼저 찬성팀의 주장이 있겠습니다. 발언 시간은 한 명당 1분씩입니다. 찬성팀의 첫 번째 발표자, 발언해 주세요.

## 2. 양측의 주장 펼치기

찬성:

반대:

## 3. 반론 펼치기

사회자: 네, 양측의 주장 잘 들어봤습니다. 양측 모두 5분간 협의하여 상대 주장에 반대 의견을 제시해 주시기 바랍니다. (5분 후) 그럼 반대측부터 말씀해 주시기 바랍니다.

반대:

찬성:

**4. 최종발언**

사회자: 네, 양측 반론 잘 들었습니다. 마지막으로 양측의 의견 정리해 주시기 바랍니다. 먼저 찬성측 입장부터 듣겠습니다.

**찬성:**

---

---

---

---

---

---

**반대:**

---

---

---

---

---

사회자: 양측의 최종발언까지 잘 들어봤습니다. (양측의 주장을 간단히 정리한다) 오늘 토론은 여기까지입니다. 수고하셨습니다.

## 토론 주제의 예

1. 선행 교육은 필요한가?

2. 드론 사용, 규제가 필요한가?

3. SNS는 사회를 긍정적으로 발전시키는가?

4. 인터넷 게시판 실명제는 실시해야 하는가?

5. 초등학교의 일기 검사는 독인가, 약인가?

6. 초등학생의 연예인 활동, 금지해야 하는가?

7. 청소년의 화장을 학교에서 규제해야 하는가?

8. 베짱이의 삶이 개미의 삶보다 가치 있는가?

9. 사형제는 폐지해야 하는가, 존속해야 하는가?

10. 패스트푸드 회사는 청소년의 건강을 해친 데 대해 피해 보상을 해야 하는가?

부록

1. 현장 리포팅
2. 미래의 나와 라디오 진행
3. 가족뉴스
4. 경청

## 팀을 이뤄 현장 리포팅하기
**(앵커 2명, 기자 1명, 시민 1명)**

리포팅 소재 : 영화 '명량'의 흥행 실태와 성공 비결

리포팅 순서 : 기자가 영화관에서 흥행 비결을 설명한 후, 관객과 인터뷰를 한다.

### 앵커의 오프닝 멘트

앵커1 : 안녕하세요. ABS 모닝뉴스 ○○○입니다.

앵커2 : □□□입니다. 요즘 영화 '명량'을 보러오는 관객들로 극장가가 성황이라고 하는데요.

앵커1:

앵커2:

○○○ 기자와 살펴보겠습니다.

힌트
1. 12일 만에 관객 1,000만 명 돌파함.
이유는 중장년층 남성 관객을 끌어들이고 리더십에 대한 관심이 증가했기 때문
2. 1천억 원 매출을 달성함. 한국영화사상 최초임.

**기자 리포팅, 시민과의 인터뷰**

**기자 : 저는 지금 명동 ○○○ 극장에 나와 있습니다.**

지금까지 명동에서 ○○○이었습니다.

**앵커의 클로징**

앵커1 : 네 현장에서 소식 감사합니다.

앵커2:

이상으로 ABS 모닝뉴스 마치겠습니다.

앵커1: 저희는 내일 다시 뵙겠습니다. 감사합니다.

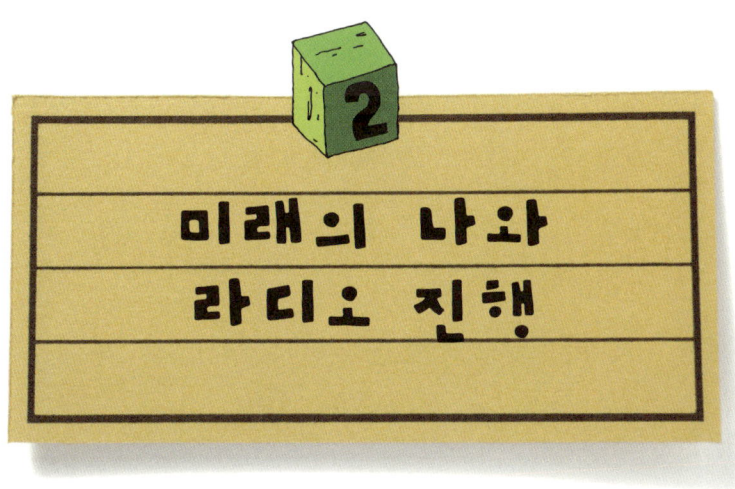

## 자신의 미래를 구체적으로 적어보기

20년 혹은 30년 후 내가 꿈꾸는 미래를 적어보자. 가능한 자세하게 꿈을 적어보자.

## 자신의 미래를 구체적으로 적어보기 예

> 이름: 홍길동
> 출생: 2005년 서울
> 2029년 ○○대학교 패션디자인학과 졸업
> 2030년 해외 유명브랜드 S 브랜드 디자이너로 입사
> 2033년 한국인 최초 S 브랜드 수석 디자이너로 발탁. 자서전 출간
> 현재 A 브랜드를 출시하여 대표이사로 역임 중. 두 번째 저서 출간 준비 중

## 자신의 미래를 구체적으로 적어보기 도전

이름:

출생:

# 라디오 진행자가 되어 친구 소개하기

짝꿍이 라디오 진행자가 되어 친구를 소개한다. 이때 소개 글은 앞에서 친구가 쓴 약력을 바탕으로 작성한다.

## 라디오 진행자가 되어 친구 소개하기 예

> 안녕하세요. 양송이가 진행하는 「양송이와 함께 꿈꾸는 라디오」를 듣고 계십니다. 오늘은 홍길동 씨와의 만남이 준비되어 있습니다. 간략하게 소개하면요, 세계적인 패션디자이너 홍길동 씨는 2005년 서울에서 태어나 명문대인 ○○대 패션디자인학과를 졸업한 뒤, 해외 유명브랜드 S 브랜드 디자이너로 세상에 첫발을 딛습니다. 이후 컬렉션마다 대중에게 호평받는 디자인으로 실력을 인정받으면서 입사 3년 만에 수석 디자이너로 발탁됩니다. 이는 그동안 동양인에겐 조금 높은 벽이었던 S 사이기에 '한국인 최초 수석 디자이너'란 타이틀은 패션업계에서는 획기적인 일이었는데요. 현재 자신의 이름을 내건 A 브랜드를 런칭하여 유럽, 중국, 동남아시아 곳곳에 한국을 대표하는 패션브랜드로 성장하고 있습니다. 최근 두 번째 저서를 준비하기 위해 한국 방문 중에 여러분들을 만나러 이곳에 오셨습니다. 오늘 「양송이와 함께 꿈꾸는 라디오」에 출연해서 그동안 방송에서 듣지 못했던 다양한 이야기를 들려주신다고 합니다. 잠시 후에 시작되니까 채널 고정해 주세요.

# 라디오 진행자가 되어 친구 소개하기 도전

　ㅇㅇㅇ은 진행자의 이름을 적고, ㅁㅁㅁ은 소개할 친구의 이름을 적습니다. 진행자는 게스트로 초대받은 친구를 멋지게 소개해주세요. 음악 큐~~

안녕하세요. ⃝⃝⃝가 진행하는
「⃝⃝⃝와 함께 꿈꾸는 라디오」를 듣고 계십니다.
오늘은 □□□씨와의 만남이 준비되어 있습니다.

먼저 간략하게 소개하면요,

오늘 「◯◯◯와 함께 꿈꾸는 라디오」에 출연해서 그동안 방송에서 듣지 못했던 다양한 이야기를 들려주신다고 합니다. 잠시 후에 시작되니까 채널 고정해 주세요.

## 서로 역할을 맞바꾸어 진행하기

초대 손님이 되어 진행자의 소개를 들으니 실제로 꿈이 이뤄진 것 같은 기분이 들죠? 꿈을 구체적으로 상상할수록 그만큼 노력과 관심을 기울이기 때문에 꿈에 더 가깝게 다가갈 수 있습니다. 쑥스러워하지 말고 상상의 나래를 마음껏 활짝 펴세요. 스피치 실력과 함께 여러분의 꿈도 더 커질 거라 믿어요.

## 가족뉴스 만들기

지난 주말 가족과 벚꽃 축제에 갔습니다. 활짝 핀 벚꽃도 보고 맛있는 것도 먹고 즐거운 시간을 보냈어요. 셀카봉으로 사진도 많이 찍었군요. 가족과 함께한 뜻깊은 여행을 오랫동안 기억하기 위해 뉴스로 만들어보는 건 어떨까요? 대본을 작성한 뒤 핸드폰으로 영상을 찍어두면 멋진 추억이 될 것 같아요.

## 가족뉴스 만들기 예

안녕하세요? 4월 가족뉴스입니다.

우리 가족은 지난 주말 '진해군항제'를 다녀왔습니다. 진해군항제는 유명한 벚꽃축제 중의 하나로 창원시 진해구에서 열리는데요. 오랜만에 KTX도 타서 가는 내내 정말 설레고 재미있었습니다. 먼저 '여좌천'이라는 곳을 찾았습니다. 이곳에는 유명한 다리가 있는데요. '로맨스 다리'로 불리며 진해에서도 손꼽히는 관광명소라고 합니다. 다리 주변으로 벚꽃이 만발해 벚꽃 터널이 만들어졌는데요. 정말 예쁜 곳이었습니다. 그래서 가족과 함께 멋진 기념사진도 찍었습니다. 진해에 오면 꼭 들러야 할 나들이 장소라고 하는 만큼 여러분도 진해로 가신다면 꼭 들러보세요.

지금까지 4월의 가족뉴스였습니다.

# 가족뉴스 만들기 도전

## 들은 대로 그리기

친구들과 원활한 소통을 하기 위해서는 무엇보다 친구들이 무슨 말을 하는지 잘 들어야 합니다. 한 모둠은 사물(꽃, 동물, 필기도구 등)의 모습을 상대 모둠에게 보여주지 않고 오로지 말로만 설명합니다. 다른 모둠은 최대한 설명에 집중해서 들으며 그림을 그립니다. 그림이 완성된 후 실제 사물의 모습과 비교해보세요. 여러 모둠과 같이 한다면 사물과 가장 비슷하게 그린 모둠이 승리~

설명하는 친구는 사물의 특징을 정확하게 전달하기 위해 표현력을 최대한 발휘해야 하고, 듣는 친구는 친구가 하는 설명을 하나라도 놓치지 않으려고 귀를 쫑긋 세울 겁니다. 상대방의 의견을 경청하는 습관은 친구들이 배려심을 갖도록 도와줘 성숙하고 유능한 스피커로서 성장하는 데 반드시 필요한 자세입니다. 잘 말하기 위해서 먼저 잘 듣는 마음가짐을 꼭 갖춰주세요.

| 감사의 말 |

《어린이 말하기 교과서》의 출간을 빌려서 그동안 저를 믿어주시고 이끌어주셨던 모든 분들에게 진심으로 감사의 인사를 올립니다.

세상에서 가장 화목한 가정에서 가장 따뜻한 눈빛으로 지금의 저를 만들어주신 아버지 양승남, 어머니 임경자, 제일 예쁜 하나뿐인 동생 양송모. 항상 고맙고 사랑합니다.

마음을 함께 나누었던 소중한 친구들. 양문교회 독수리 5형제, 아직도 교복 입은 모습이 눈에 선한 금옥여고 삼인방, 숙명여대 학생회관 5층에서 만난 숙명 캐머들, 강의가 때때로 고단할 때 힘이 되어준 동료들, 철부지 신입사원에게 하나하나 가르침을 주신 선배님들, 부족한 조카를 자랑스럽게 생각하시는 이모와 이모부, 그리고 최고의 유머와 통찰력을 겸비한 사촌동생 준이, 만사를 제치고 고민 상담을 해줬던 교회 친구들, 책이 나오기까지 함께 기도를 나눴던 W공동체 식구들과 최영민 목사님, 낯선 미국 땅에서 저를 살뜰히 챙겨주신 혜경언니 가족들과 헨리 아저씨와 연지 이모. 정말 감사합니다.

너무나 따뜻하고 온화한 마음으로 제 일을 자신의 일처럼 기뻐해주시는 영원한 멘토 손은경 선생님, 제자의 첫 저서에 아낌없는 조언과 격려로 나아갈 방향을 일깨워주신 양승찬 교수님, 놀라운 스피치코칭 실력에 자상함까지 갖춘 김상규 원장님, 목소리 하나면 다른 설명이 불필요한 박민우 대표님, 형편없는 노래실력을 가진 제자임에도 언제나 할 수 있다고 격려해주시는 김태형 선생님, 최고의 능력자이자 따뜻한 마음씨까지 갖춘 고은하 강사님, 유쾌한 입담으로 대화만으로도 센스가 절로 길러지는 전재경 강사님.

김영미 선생님, 신정아 선생님, 정하성 선생님들을 보며 아직 학교는 살아있음을 느꼈습니다. 최준영님, 박정희님, 정수진님, 김진선님 여러분을 만나 보람을 느꼈고 제가 더 많은 것을 배웠습니다.

흔쾌히 추천사를 수락해주신 이 모든 분들께 진심으로 감사드립니다.

그리고 제 이야기에 귀 기울여 주시고 부끄럽게 내민 교재를 보석처럼 귀히 여겨주신 김태영 대표님, 이 책이 나오기까지 세심하게 애써주신 이순업 편집장님과 김서영 선생님께 깊이 감사드립니다. 기꺼이 모델이 되어 준 이지수 양과 김나희 양에게도 고맙다는 말을 전합니다.

마지막으로 항상 저와 함께 하시는 하나님께 모든 영광을 돌립니다. 감사합니다.